大展好書 好書大展
品嘗好書 冠群可期

大展好書　好書大展
品嘗好書　冠群可期

性愛箴言

——你的性愛觀念正確嗎？

生活廣場21

趙奕世　編著

品冠文化出版社

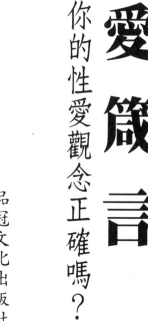

目錄

第一章　女性的永恆主題——戀愛

第二章　男性的身、心與性愛

第三章　女性的身、心與性愛

第四章　愛的風暴，讓世界更美好

第五章　性知識與煩惱的釋疑

第一章

女性的永恆主題——戀　愛

⊙不同情況的戀愛必勝技巧

讓邂逅發展成戀曲的注意事項與技巧

約會時，你的態度與言行往往會使他的心產生微妙的變化，尤其是初識不久的一對男女，這種影響更大，所以，只要你懂得在約會時運用行為語言，即可促使戀愛成功。

約會地點

只有你和他兩人在一起的時光，便是約會。而妳究竟讓他討厭或是迷住他，就看約會的情形決定。約會的開始，是彼此約在某個地方見面，重點從和他在一起開始，所以要保持高度的期待。

以前述的重點來說，約會時遲到就不對了，如果要讓對方認為妳是個好女孩，絕對不可以遲到，起碼要在約定時間前五分鐘到達。

這樣，你就會在等待時感到不安、擔心、寂寞等，期望他早一刻到達。

不管是不是你先發現他，你都應該表現這種期待的姿態，若是他先發現你而向你說話，你要立刻露出期望實現的欣喜表情。即使你因為他的遲到感到憤怒，也要忍住，對於所有遲到者都會說的話——你是不是等了很久？你也要擺出早已原諒他的姿態。

在車子裏

今天是他駕車帶妳去郊遊。

不論他開的是什麼車，也不管你只喜愛某種車，即使他駕駛的是很「菜」的車，那也是他的寶貝，妳只要細心注意他在開車時的一些小動作，就可以看出他對車子的愛心。這時，妳要讚美他，但不要用嘲笑的語氣。

對於他的駕駛技巧，妳可以適時讚美。但要記住，不當的讚美會造成反效果。只要妳表現恰當，即可使他感到很舒適，他會希望妳下次再乘坐他的車。

這時候他最感激的便是野餐或點心，可以加深郊遊的閒散、愉快的氣氛，如果是妳親手做的點心或三明治更好，但是，別忘了避免弄髒他的車子。

在餐廳裏

與他一起進餐是人類三大慾望之一，也可說，與他一起滿足食慾，可能和性一樣重要。這時候的技巧重點，在於他請妳吃飯時（或者各付各的）妳的態度，記得表現女性溫婉的服務精神。

譬如點菜時，不可以比他先決定菜單，即使是妳請客或各付各的。其次，要點菜價與他所點的差不多。

食物送來了，如果沙拉和淋汁是分開的，妳應該先問他要不要吃沙拉，然後才問是否放淋汁或加多少，為他服務一下，會使他覺得能和妳吃頓飯是件愉快的事。

酒廊裏

約會終於到了最後，和他一起去喝酒，氣氛可說是融洽至極，但是，如果妳在這個時候放心地讓自己喝醉，在這以前妳所給予他的良好印象，會變成如啤酒般的泡沫。

所以，如果妳會喝醉，也只能讓自己醉一半。因為鬆懈時很容易出現個人的習慣，最好小心些不要顯露出來。

如果他的酒杯空了，妳卻沒有注意到，這證明妳不夠細心，應該時時注意他的杯子。

女孩子通常都比較喜歡吃些下酒菜，但這些菜對於帳單的影響很大，是以一定要多考慮他的預算，不要忘形地吃得太過癮。

要分離前

讓他自動向你提出下次約會的要求，即是在這一刻。

在別離時，太黏人或要求對方吻妳，表面上看來效果似乎很好，但是，最後可能會使他變成色狼，這樣就不美了，還不如說些「今晚太快樂了，謝謝你」一類的話，他會覺得感動。

妳可以露出依依不捨的表情，讓他有意下次再約妳出去，或是乾脆在回到家後打電話給他，效果也很好。

⊙從他的動作透析愛的訊息

他的動作與表情會不斷傳送愛的訊息

要提高戀愛熱度的方法，除了言語外，還有幾種身體語言最具利用價值，現在，讓我們具體了解他小動作裏所隱藏的慾望。

①希望妳了解我寂寞的心

手托著下巴，是一種表現自我的動作，表示他感到寂寞或孤獨，這證明他對自己已失去信心，需要一個可慰藉的人。所以，妳只要柔情待他，他就是妳的了。

②我需要更了解你

如果他在無意中拼命咬自己的手指或指甲，就表示他對妳的接觸慾更加高昂了，希望能對妳採取具體的行動。若是初次約會時他就明顯地有這種動作，表示他對妳極具好感，希望進展到下一階段，那是可喜現象。

③今晚我不放妳回去

男人無法掩飾他會心的笑意，就會有用手掩飾嘴部的動作——這表示他對妳已有性興奮，因為嘴巴是最容易暴露性慾的部位。

如果他在約會時出現這種動作，表示他已經在期待妳的肉體。

④有些事情無法奉告

佛洛伊德曾經說過，對於自慰行為的罪惡感，會以拚命伸手摸自己的鼻子表現出來。其實不一定是指自慰行為，如果他在約會時猛摸自己的鼻子，或是無意識地做出介意某種氣味的動作，必定是他對妳隱藏了什麼。

⑤我絕對不會說謊

如果他雙手置於腦後，做出伸直背部並挺胸的姿勢，妳就可以放心了，這個動作表面看來顯得有氣無力，其實是他絕不說謊的表示。張開胸部的動作同時也在表明，他願意將存在的全部自我展現出來，也是一種正直的表現。

⑥我不想說出真正的心意

如果他猛吸菸或猛用手遮口就要小心，這個動作表示他想要隱藏自己真正的心意，是以其後他說出來的話或藉口，多半是騙人的，注意不要受騙。

⑦我不想再聽妳說話了

人的感情很老實，有時你想避免讓對方知道自己拒絕的感情，可是，你的眼睛卻會很自然地望向窗外，或是雙眼不停地東張西望——如果他有這種舉動，妳最好不要再說話，還是讓他的情緒恢復自然為宜。

⑧沒辦法，我已深深為妳著迷

互相面對說話時，如果他低下頭，雙眼向上看著妳，表示他已深深為妳著迷，倘若手還支著下巴，顯然他已被妳迷得無可救藥。到了這個境地，戀愛的主導權已是妳的，妳要怎麼對待他，他都會聽妳的。

⑨不行，我認輸了

和他爭執，如果他把頭垂下，或是去摸頭，擦汗等，即表示妳已獲勝，不論他嘴裏如何硬撐，他的內心早已認輸。不過，當男性失敗或受到挫折時，往往也會出現這種動作，這一點要注意。

⑩我真的能信任妳嗎？

一個男人對女性產生好感時，往往也會更加有戒心，這便是男人矛盾的地方。由於戒心作祟，他總無意識地採取攻擊姿態，譬如他會坐下來正視妳，這時妳就不要再說話，用態度來表明自己確是值得信任的女性吧！

⑪我和妳到此為止

在咖啡廳裏，如果他逕自為自己加糖喝咖啡，或是不再說話，開始埋頭猛吃，即表示他再也不願意與妳維持親密關係。遇到這種情形，你們最好隔一陣子不見面，讓愛情冷卻一段時間再說。

⑫到底要用什麼方法來攻陷？

隔著眼鏡或太陽眼鏡，如果他以這種方式用意味深長的眼神望著妳，他的腦海中一定充滿了計謀，正在考慮用何方法來攻陷妳。這時，妳最好立刻邀請他：「我們去看一場電影或散散步好嗎？」但動作必須慎重些。

頭髮具有性方面的象徵意義。因此，如果他不斷伸手摸自己的頭髮，就表示他內心充滿了想要擁抱的慾望，或者……

⊙瞬間令他失去慕情的不良言行實例

別讓妳的態度使他說出「不願再見妳」

別看男孩好像都很粗心大意，其實他們連妳再小的行為都注意到了，所以，別一廂情願地認為這次約會十分完美，說不定他已不再眷戀妳。總之，妳需要好好檢討自己的言行。

在啤酒屋裏

● 太過於輕率會顯得過分隨便——兩人一起去喝酒時，務必要遵守起碼的禮節。有些人喝多了就喜歡把腳亂放，這種沒有體統的動作絕對要禁止。

● 喝醉了很容易出現不良習慣——喝醉了極易醜態百出，即使妳的模樣很可愛，但是，如果出現咬筷子的舉動總不太好吧？

● 海量也會令人畏避三分——不要過分展現自己對於喝酒的信心，在他面前要表現淑女的風範，不必展現自己的海量，喝到微醺就該適可而止了。

●喝得再多也不可忘了妳是女人——一般人喝多了心情就會鬆懈，然而，女性的端莊無論何時都很重要，所以，即使他已十分了解妳，看到自己的情人叼著菸，心裏總會不快。

在車子裏

●坐在駕駛座旁絕不可太囂張——想到和他一起去郊遊，妳的興奮心情當然可以了解，但如果妳得意忘形地把腳放到車座上面，只怕他要被妳嚇跑。

在辦公室裏

●擤鼻涕的聲音會讓他的熱情冷卻——擤鼻涕的模樣不好看，聲音更是難聽，而且會帶給人不愉快的感覺，所以，女性還是到化妝室去擤鼻涕為佳。

在公園中

●**再渴望獨處也應該把主動權讓給他**——不要因為希望儘快和他單獨相處，就主動提出要求，更別說是進入「禁止進入」的草坪裏，否則他會更加對妳毫無好感。

●**他遲到了也不要擺出臭架子**——他遲到了，妳也不可因為等了很久而把臉拉得又臭又長，這樣他看了也無法開口向妳道歉。

●**過分活潑會顯得輕浮**——男性都喜歡健康活潑的女孩子，但活潑也要有限度，譬如兩人手挽手羅曼蒂克地走著，妳卻伸腳去踢鐵罐子，把浪漫的氣氛全都破壞了。

在房間裏

●**他到妳的房間時妳也要表現女性化**——如果他到妳的住處或家裏玩，千萬不要認為這是妳的家就表現得很隨便，譬如雙腿亂放的態度，瞬間就會使妳平時好不容易建立的女性美感消失殆盡。

在旅館裏

●**對旅館的裝潢大感興趣會令他失去興致**——不要表現得好像對旅館的事情知道很多，如果妳自動去動各種裝潢或設備，會讓他覺得妳是個放蕩的女性。相反的，也不要因為妳不懂而亂動，這會像是小孩的舉動。

●**一進入房裏就要喝啤酒會破壞氣氛**——不要因為口渴就主動表示要喝啤酒，男方會感到沒趣，徒然破壞氣氛。

●**期望快點做愛的態度會令他畏縮**——主張性開放的妳希望愉快地做愛並沒有錯，但是，男人一樣有自尊，所以氣氛非常重要，妳應該讓他採取主動才好。

●**共浴時不要表現得太害羞**——既然要和他共浴，又何需顯得害羞？如果妳緊緊纏著毛毯進入浴室，就不像是有肌膚之親的情侶了。

⊙戀愛成功的女性舉止技巧

男性不會忽視的一般女性動作

平時妳的一切無意識舉動，男士們都觀察得很仔細，他們從妳的各種小動作當中發現了什麼呢？現在，讓我們來看看男士們的意見。

能抓住男人心的優雅動作

①略微咬著下唇，表現女性柔順的心。看到妳這種動作，男士們一定會對妳心動。

②「和她說話的時候，她突然直直地望著我的眼睛，讓我一陣心跳，覺得她好可愛。」

③「她開車出去玩。看著她放在操作桿上的手背，覺得她的確吸引人。」

④「她無意識地伸直背部時，看到她胸部的曲線十分清楚，覺得很性

感。」

⑤「經常和她去打網球。她打完球後擦汗的模樣，就像男人一樣耀眼，令人好喜歡。」

⑥「她到我的公寓來，努力作菜給我吃的模樣令我好感動，真想抱緊她。」

⑦咬著吸管向上望的神情，具有誘惑男性的作用。

⑧用手指按著眼尾會給人想要撒嬌的感覺，男士會感到內心掠過一陣柔情。

⑨雙手托住下顎，接受男性一切要求的動作，會使男人不得不下定決心娶妳。

⑩「約會結束要別離時，她總是走了幾步便回頭搖搖手，這種動作好可愛。」

⑪「她情緒陷入低潮，我安慰她，於是她抬起頭笑笑，她這個時候的笑容最美。」

⑫「喝酒後她微濕的唇在燈光下一閃，真令人有點不敢正視。」

⑬「在舞廳不小心踩到她的腳，她那一瞬間似乎很痛的表情非常迷人。」

⑭「稍微嘲笑她以後，她氣得咬著下唇的動作最迷人，所以，我經常故意逗她。」

⑮「冰淇淋溶化得快要滴下來時，她趕快把它放入口中，這時，她的嘴一片艷紅。」

⑯「陽光太強烈時，女孩子會伸手去遮陽光，手指修長的人這個動作最美。」

⑰「也許是她的習慣，她經常一面說話一面扯自己的耳朵，這個動作會令我心跳。」

⑱「偶爾坐公共汽車時，旁邊的女孩子打瞌睡靠在我身上，會令我的心咚咚跳。」

⑲「女孩子在後方或遠處看著我時，我會感到一股不可思議的神秘感。」

⑳「真的好女孩只要看她的坐姿就知道，她會端坐著把雙腿放整齊，而這

個動作會形成一個令我心跳的畫面。」（學生・22歲）

㉑雙手揉搯的動作，會令人覺得她在抑制感情，會給予人女性端莊、柔順的良好印象。

㉒手放在腰部的動作，表示請求對方原諒，會使男人有種征服感。

㉓表示和對方同調。手指貼在手腕，強烈地表現了女性的天真無邪，男人看了會覺得更愛她。

㉔雙手交叉手指的動作，表示防禦，會令男性強烈地感受到女人味，會感應到她的嬌嫩。

㉕一笑就拍男孩子的肩膀，這種無言的接觸，會增加彼此的親密感。

㉖「是不是等了很久？」意外出現在男人的身後，會誘出男人的柔情，忘了等待很久的不悅。

㉗站起來表示對於他赴約的喜悅，這種動作可有效吸引男人。

㉘「在說話時或同意對方所言時，微傾著頭會使女孩顯得很可愛。」

㉙「夏天和女朋友去游泳池游泳，她從水中出來時，那種微濕的頭髮和茫

然的神情真性感。

㉚「風很大，她以略感困擾的神情按著頭髮——我最喜歡這種女性化的表情。」

㉛「她切東西時不慎把自己切傷了，立刻把手指放入口中，這時嘴部的動作真性感。」

㉜「近視的女孩有時會不知道熟人在喚她，那種愣愣的神情很可愛。」

㉝「女人要洗澡把頭髮挽高時，手指沿著頸部滑動的動作充滿魅力。」

㉞分手時說「你走」，然後從背後看著，這樣會刺激男人的心，使男人覺得很舒服。

㉟「邋遢的女孩很討厭，不過我喜歡她無意識地將脫下的絲襪捆成一團的天真模樣，真可愛。」

㊱「突然吹起一陣強風，她伸手去按著裙子的模樣，就像瑪麗蓮夢露一樣性感。」

㊲「女友家中養了一隻貓，看到她溺愛地愛撫牠，覺得她好可愛。」

㊳「並排坐下的時候，她會稍稍撞到我的肩旁，每次都令我覺得她好可愛。」

令他討厭的惡劣動作

①「在公共汽車裏猛嚼口香糖的女孩最惹人厭。」
②「約會時拜託不要帶著布偶，這根本是小女孩的舉動！」
③用咖啡廳供應的小毛巾擦臉，會讓人覺得不乾淨，他一定會感到失望。
④舉杯一口氣喝完飲料，每個男人都會被妳嚇跑，請稍微保留女孩子收斂的模樣！
⑤兩腳交疊，雙手托腮的坐姿，會給對方不良印象，他會覺得妳邋遢又不整潔。
⑥「喝咖啡的時候也不問我一聲，就在自己的咖啡裏加糖，這種女孩實在太沒有神經了。」
⑦「也許她沒什麼惡意，可是在一起的時候她總是猛看錶，會令我感到很

不舒服，同時跟她一樣心慌。」

⑧雙手握拳，手持叉子「菜怎麼還不來」的動作，會令人覺得教養很不好，而且像小孩子一樣不穩重。

⑨捻熄香菸的方法也要注意，把香菸弄斷了不好，最好小指也不要翹起來。

⑩「因為很熟悉而隨便去摸男人的身體，如果對每個男人都如此，有時會認為還好她不是我的女朋友。」

⑪「她總是不考慮他人的想法而突然補起妝來，不論是在車中或公園裏都如此，真討厭。」

⑫「哎呀，真討厭，沙子跑進鞋子了。」大剌剌地脫鞋拍下沙子，一定會使他失望極了。

⑬除了注意身上的打扮外，千萬別忘了帶手帕或衛生紙，否則就會遇上上廁所時向他人要衛生紙的場面。

⑭和他在一起的時候，卻和另一個男性談得很興奮，他一定會發脾氣。

⑮「女孩子挺直了背走路很好看，但過分了像是仰頭在走，就會惹人討厭了。」

⑯「表面上打扮得很乾淨漂亮，可是拿出來的手帕卻很髒，這種女孩大概沒什麼內容。」

⑰從吃相可以看出一個人的品行，這種說法稍嫌過分，但是，男人卻意外地很注意這一點。

⑱進餐後的舉止也很重要。擦過嘴的餐巾就隨意攤開，著實不雅觀。

⑲「在餐廳裏猛對服務生發牢騷的女孩，最令人覺得討厭。」

⑳「粗俗地大聲談笑的女人最低級。」

㉑一手拿盤，一手拿叉，將飯往嘴裡塞，像狗一樣的進食最不好，和她在一起的男性一定會感到不舒服。

㉒「說話或舉動造作的女人一定找不到好丈夫。」

㉓以餐器弄頭髮更是忌諱。這種不乾淨的動作最容易引人反感。

㉔「事後一直躺在床上保持同一姿勢任你處理的女孩，會給人老練而淫蕩

的感覺。」

㉕「沒有比毫無反應的女人更令人感到乏味的事。」

㉖「做愛後便裸身著身子到處走動的女人，會讓人覺得她毫無恥心。」

㉗應該注意上廁所的聲音，特別是房事後，太粗心了會破壞全部的氣氛。

妳無意間的動作可能會令他心跳

①男孩子就是喜歡長又乾淨的頭髮，尤其是妳伸手去撩動它時。

②不用手而以晃動身體去甩頭髮的動作，也是男性最感魅力的。

③彎身去撿東西時，從腰部到臀部的線條往往是男性注意的焦點。

④「把禮物交給我以前顯得很嚴肅，事後卻笑得很頑皮，我就是喜歡她這種表情。」

⑤「我喜歡能率直將喜悅表現出來的女孩，譬如他因為高興而跳起來時，連我也會跟著高興。」

⑥「女孩子戴著太陽眼鏡，略微低頭向上看的表情很可愛。」

⑦「女孩子工作累了而毫無防備地躺在沙發上的樣子，真會令人心跳。」

⑧「火柴點不著，這種小事也專心在做的樣子討人喜歡。」

⑨「在毛毛雨中不撐傘而猛跑的女人模樣很迷人。」

⑩將交叉的雙腿換邊時，雙腿線條看來很性感。

⑪將雙腳分開這種無防備的動作，會使男人下決心把妳帶到某處去。

⑫對男性的細心關注非常重要，特別是在一起進餐時更需注意。

⑬「女性為意中人專注的模樣最美，我看到妹妹在為男朋友織毛衣時就有這種感覺。」

⑭「臀部線條很美，並且像瑪麗蓮夢露一樣走法的女孩，最能刺激男人的心。」

⑮「女人說話時微笑一下立刻又恢復真面目的瞬間，具有不可思議的魅力。」

⑯「穿著男人的大襯衫睡覺，早晨起床時揉著眼睛的模樣，最性感又可愛。」

⑰女孩忘了什麼或發現自己犯了什麼錯的瞬間表情，意外地令人覺得可愛。」

⑱「淚眼婆娑的女孩，有股說不出來的迷人味。」

⑲「稱讚她的新衣或新髮型，害羞地低下頭卻又掩不住喜悅的表現，看了最令人舒暢。」

「性約會」中令人心跳的言行

①用大浴巾謹慎地纏著身子的模樣，會令他覺得妳很害羞。

②紅色口紅原本就具有吸引男性的魅力，尤其是即將上床時，更能充分發揮效果。

③「做愛時略表害羞或抗拒，反而會使我更加熱情。」

④「眼裏充滿了快感，可是卻忍著不發出聲音的表情最迷人。」

⑤「我幫她褪去衣衫，她立刻將它藏起來。好可愛。」

⑥「女孩裸著身體纏著被單入睡的模樣，真是性感極了。」

⑦「事後緊貼著我的女孩，會使我忍不住抱緊她。」

⑧「事後我在處理時，她一直閉著眼睛等我的模樣，真像是大家閨秀。」

從與他牽手的方法有效地增加親密度

與他之間的感情深度，可以從牽手的方法看出來。或者，該如何根據親密，在牽手的時候令他心跳或讓他高興？

親密度①

・剛認識時握住他手腕的牽法帶有新鮮及矜持感，他會覺得妳很信賴他。

親密度②

・手包住他的五指，這是在向他撒嬌時的牽法，譬如在初吻之後，可試試用妳的手包住他的手。

親密度③

・握住他的小指及無名指，這時兩人的感情已相當深入，所以牽手時才會顯得如此從容。這段期間也是約會次數最多之時。

親密度④

・兩人小指互勾，這是兩人之間有什麼問題，並且已克服了這個問題的牽法。表示他對妳已有一種新的信賴感。

親密度⑤

・彼此雙手緊握，這是可以互相確定愛情的牽法，彼此會用力握緊，可能已有C的體驗，關係已相當親密。

親密度⑥

・五指交互緊握，這是兩人之間的愛情已提升到最高境界時的牽法，彼此會握緊手指。如果這段期間都沒有問題出現，便很可能發展到結婚。

⊙讓他更熱衷的接觸技巧

使他稱妳為「可愛女人」的絕妙撒嬌法

他是我最喜愛的男人，所以我希望他對我更加熱情——像這樣的情形就需要妳去逗他，只是含情脈脈的凝視絕不會有任何進展。

如果他不高興便伸手抱緊他的胳臂

感情再好的情況也會有爭執的時候，這時乖乖道歉，最好是抱緊他的胳臂說「對不起」，即使他沒有回答，相信他的心情也會開朗些而原諒你。

在車子轉彎時誇張地靠緊他

兩人出去玩時，就等於進入只有兩人的世界，可以盡情地撒嬌，如果不妨礙他駕駛車子，妳的大膽態度一定能令他心跳加速。譬如車子轉彎時，妳可以誇張地抱緊他。

如果路比較難走，偶爾發出一點尖叫也有刺激作用，或者看他駕駛車子有了倦意，也可以拍拍他的肩膀，向他表示一點關懷。

在酒席上可以比平時更大膽些

在酒席上，最重要的是一定要坐在他身邊，喝一點酒以後，更要接近到肩膀可以碰到他的肩膀，這樣不論是他拿起杯子或要吸菸時，都會自然地接觸到妳，如此必定更刺激而羅曼蒂克。

接下來當然是喝得愈多愈大膽，譬如說一句「我醉了」就靠在他身上，或者說「你看我的臉好燙」，隨即拿起他的手放在自己臉上，同時凝視著他的眼睛，效果會更加好。

⊙如何引誘他進展到雲雨

以愛的動作暗示今晚希望和他共度

愉快的約會時光轉眼即逝，很快就到了該回家的時間，心想今晚乾脆不回去，可是，這樣的話如何說出口呢？這時，妳可以很自然地使用身體語言，效果一定很好。

由妳製造渴望共度春宵的氣氛

●凝視他的眼睛

有人說眼睛會說話，眼睛也可以透視人心，所以當妳需要對方誘惑妳時，就在心裏一直唸著「快來誘惑我」，同時一直凝視著他，或是微笑著稍稍把頭傾斜，不可讓對方感到噁心，妳可以不時將眼睛轉向他方，這樣會讓對方覺得妳似乎很哀愁。

婆娑的眼神加甜美的聲音，相信他一定會興奮起來。

●撒嬌地挽著他的手

要激起他的慾望，重點在於約會的過程中，要不時讓他意識到妳柔軟的身體，是以妳的動作必須自然而積極，直接接觸的效果更好。

挽手時先一手勾住他的手，另一手再自然地加入，等於是妳以雙手抱住他的胳臂，然後把臉孔靠在他的肩上說：「我覺得好幸福。」小聲說，但是更清楚地讓他聽見。

這種被依賴的感覺及妳的體溫，都會一再向他傳達性的訊息。

●用頭髮來煽情

頭髮是女人的生命，黑髮更是能讓男人意識到妳很女性化的性感小道具。

妳可以一手輕拂清香美麗的頭髮，以開朗的撒嬌聲音頑皮地說：「我迷人嗎？」或是以手指纏著髮梢；或是將頭髮含在口中，同時微笑凝視著他，這些動作都會讓男人心跳加速。

●誘惑他吻妳的技巧

在擁抱中抬起頭——這時能否進展到接吻，會直接影響到今夜是否能共度春宵。譬如他摟著妳的肩膀，當兩人眼神相遇時，要讓他吻妳的訣竅，就在於妳的嘴型。

嘴唇分開至小指尖可以進入的程度，然後口裏不發出聲，做出「吻我」的唇形。這時，如果臉孔能接近到彷佛只有〇・一公分的距離，效果會更完美。

●利用酒將自己交給他

約會後喝一點酒已是愈來愈普遍的現象，兩人喝得飄飄欲仙時，便是接吻的最佳時機，不好意思的時期已經過去，這時要很自然地將身體靠向他，或是乾脆從後方抱著他，以乏力的身體貼緊他，自然會使他進入恍忽狀態。

讓他焦急的技巧

男人經常都渴望能夠有和妳雲雨的機會，但是，妳絕對不可以輕易答應他，因為，這樣會讓他認為妳是個隨便的女人，結果只會弄得不歡而散。尤其如果妳真的喜歡他，他如此想更遭，所以，妳一定要使之發展為令人感動的一夜。是故，最重要的是讓他因為渴望得到妳而感到焦慮。

首先，不要一開始就答應他的邀請，應該壓抑「終於來了」的興奮，直到第三次才答應他（再多次就顯得苛了）。至於拒絕的方法，可以說「今天我身體不大舒服」、「不還沒有心理準備」、「再等我一些時候」等，要望著對方的眼睛哀切地說，這是讓他相信妳是真心的竅門。

讓他興奮難當的大膽脫衣法

妳是否認為把衣服脫掉就行了？根本不需要遮掩？然而，男士們的心思是敏感的，如果妳就在那兒「嘿」、「呀」地脫，必定會把氣氛破壞無疑，妳應該學習可以增加氣氛的脫衣法。

一面意識他的眼睛做些害羞的動作

1. 脫衣服或讓他替妳脫衣服的行為，可說都是十分細緻的前戲，如果他愛撫妳，妳要露出有點難為情的表情。

2.上衣上面如果有項鍊，就要先解開上衣幾顆鈕釦，將項鍊弄到衣服裏面去。

3.釦子全解開了，就讓衣服從肩膀滑下般，一邊一邊地慢慢脫。

4.耳環多半是在輕解羅衫前就拿掉，其實，在將要脫襯裡時才拿掉會更性感。

5.脫裙子時注意不要讓裙子咚一聲掉下去，要以手抓緊裙頭，如脫內褲的要領一腳一腳脫，臉孔望著腳的方向，會使妳更顯得柔媚。

6.襯裙不要從下面向上脫，而是讓帶子從肩膀滑下來，接著身體稍微扭動一下，即可輕易脫下。

7.項鍊要雙手繞到後面去才可以解開，所以最好讓他為妳服務，這樣也可以增添氣氛。

絲襪的脫法

・未穿襯裙時，要雙手抓著褲襪向下脫。
・襪子脫到膝蓋部分以後，就改成一腳一腳地脫。
・也可以利用襯裡叉開的部分來脫。

讓他興奮的胸罩脫法

1. 一面像是抱著胸部般地帶子放下來。
2. 解開鈎子時要露出如同在誘惑他一般的表情。
3. 這時要設法避免露出乳房。
4. 宛如「不要看嘛」的動作會更刺激。

⊙令我心跳的第一次經驗

充滿期待與不安的第一次性經驗

這是少女一定會走過的路。第一次經驗——失去處女膜時的感覺，是終生無法忘懷的，不論它來得早或遲，或是什麼樣的體驗，對女性而言，都是十分重要的回憶。

夢想與現實完全不同——經驗談

①「我的第一次是十八歲時，對方是我的高中同學，他也是第一次。因為兩人都是第一次，雖然我們都知道，可是他就是進不來，好不容易進來了，卻只聽到他一句「呀，完了」。

我的第一次體驗就這樣結束了，說實話，整個過程就像是被他碰觸到而已，毫無美感可言。」

第一次的疼痛與感想

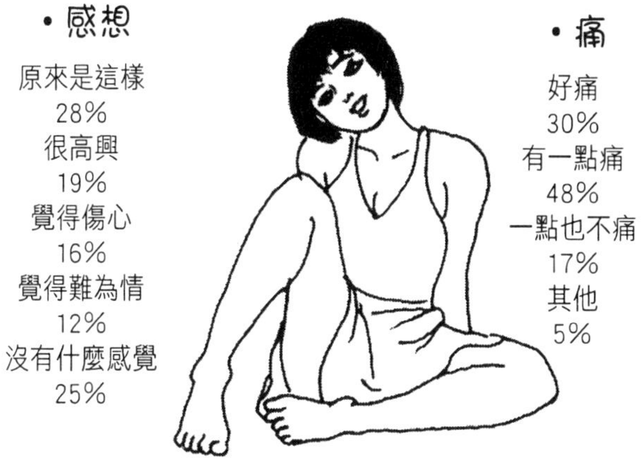

②「第一次體驗時的對象是大我三歲的大學生，兩人就在他的房間裏，很自然地便有了氣氛……

一上床他突然要我握住他的傢伙，那時的感覺是它真的好大，心想這麼大真的進得去嗎？好可怕，瞬間覺得一切都不可愛了。」

③「似乎是等了好久，好不容易才得到的感覺。因為太興奮，我們一晚連做了五次，後來要從旅館出來時真辛苦，腰部以下像是吊著什麼好重，好不容回到自己的住處，很一陣子雙腿都無法靠攏！」

④「我真的好害怕，所以那瞬間忍

不住喊出『媽媽』，他嘲笑我『都這麼大了還喊媽媽』，只因為我第一次體驗時已經二十八歲。」

每個人的第一次體驗都是失敗的嗎？

⑤「因為是第一次被男人騎在身上，腹部被壓著便咕嚕咕嚕作響，所以什麼氣氛都沒有。」

⑥「像小說或電影裏所看到的，本來以為女人都會叫出來，可是，我一開始就沒有會叫出聲的感覺，只是呆呆地看著他上上下下動著。」

⑦「因為嚴重出血，連他也染紅了，以為是那裏受了傷，心裏又驚又怕，也沒有想到會那麼痛。」

⑧「十九歲時因為朋友的關係，我一直急著找個男人。那天和朋友四個人到海邊去，和四個男孩一起約會，其後開始亂交。另外三個女友對性都是有經驗的人，只有我是第一次，而這個第一次的對象，連對方的臉孔都記不得了，想起來真有點茫然。」

⑨「我是和公司裏的經理戀愛，因為喜歡他，所以才把第一次給他，誰知他看到出血便說：『呀！妳是處女呀？對不起對不起……』結果，美好的氣氛一下子就被他的膽怯破壞了。」

⑩「完事後我枕在他的胳臂上睡覺，可是卻睡得我頸子好痛，偏偏又不能翻身，好拘束，那裏睡得著呢？」

⊙避免在第一次失敗的注意事項

男女初次性經驗的禁忌

充滿了期待與不安，一顆心咚咚跳的初次體驗，是一生只有一次的，絕對不可以失敗，所以在此列出初次性愛的二十條禁忌。

先做準備很重要

①絕對不可以給人不潔的感覺，身體要保持乾淨，要注意口臭，如果內衣褲太髒，他會失望的，若是到飯店去，最好先洗個澡才上床。

②太艷麗的內衣不好，如果是處女，最好穿白色的內衣，這樣可給予男性純潔的印象。樣式不宜太孩子氣或過於性感，這一點也很重要，男性多少都有點偷窺的慾望，這種隱密的東西他們會格外注意。

③女孩不可以太大膽，不要自己先脫衣服，因為是第一次，不安是難免，所以，不必刻意隱瞞。如果妳太大膽，他會覺得妳不是第一次，是以不要裝出什麼都懂的樣子。

④需要預備知識，特別是有關避孕方面，絕對不可完全由他負責。縱然是第一次，該做的還是要做，先要確定這一點才可以放心。

終於到了最後階段——上床

⑤絕對不要破壞氣氛，如果在上床時說個不停或吸菸，根本就是潑冷水。

⑥在床上要讓他主動，妳只要靜靜地順從，即使對他的愛撫毫無感覺，也

不要在態度或言語上表現出來。

⑦絕對不要強迫對方做愛的告白，因為太過於執著會使他對妳敬而遠之，要等他自動說愛妳。

⑧不要太介意體位，如果妳懂得比他多，也不要說出來，不然他對妳的印象會不佳。

⑨看到出血也不要心慌，因為是第一次，出血在所難免，驚慌失措只會破壞氣氛。

⑩事後不要自己隨便亂動，也不要急著處理，最好先靠著他撒嬌，接受他的愛撫。

⑪再痛也不要責罵對方，因為女人第一次都會痛，並非是他的責任。

在旅館裏的禁忌

①到了旅館才猶豫不決會使他更著急，不是乖乖跟他走就是明顯地拒絕，態度一定要清楚。

②進入房間後不要到處張望，如果妳的好奇心太明顯，他一定會難為情。或是突然把窗簾拉起來，或者跑去開冰箱等作法，都會讓他懷疑妳是否常到旅館來。

③不要突然打開電視，這樣他一定會對妳感到失望，如果妳特別愛看色情片，他一定會懷疑妳的性格。

④在浴室裏泡太久也不好，他會因為等不及而焦躁，說不定還會乾脆衝入浴室。

⑤從浴缸出來不要立刻穿上內衣，只要用大浴巾裹起來就行了。

⑥不要把旅館裏的東西帶回家，常有人把小東西帶走，這種貪小便宜的舉動不好。

⑦離開時動作要迅速，因為飯店是時間制的，不要拖拖拉拉。

⑧不要強迫他去付帳，如果他有經濟困難，不妨分攤費用。

⑨不要因為第一次的不安與難為情，而讓他心情過分激動。

⊙性的類型與兩人之間的適性

性性格會微妙影響兩人之間的關係

嗜好與個性都相配，結果卻因為性生活不一致而分手者十分常見，所以應先了解兩人的性性格，看看兩人是否適合，或是該如何配合對方。

性類型因人而差別很大

先看看如下的分類，來判定自己屬於何種類型。一旦知道自己的類型，就可以了解自己的性特徵及機能優劣。是以，先要判定妳和他的性類型。

A型　積極性愛型

這種人與其被愛，不如愛人較容易感到喜悅，性機能很強，喜歡激烈的性，感度良好，是備受男性喜愛的性對象。

若是男性，對於性方面也很積極，性慾也很強。

B型 愛情優先型

不希望和很多男人有性關係，只願意和喜歡的男性交往得長久而密切，性機能不算太強。

若是男性，在健康方面也不太強，性能力也稍弱。

C型 好奇旺盛型

在心情方面會裝著對性毫不關心，其實是最喜歡。性機能很強，而且有點被虐傾向，不喜歡正常體位，喜歡有變化的體位。

男性也是一樣有點被虐傾向，而且也喜歡不一樣的體位。

D型 被動遲鈍型

對於性很消極，性機能也不強，多半是冷感症女性，有時會認為沒有感覺是男人的責任，因而更頻於要求性愛。

男性也對於性很消極，喜歡由男性主導。

E型 過剩戀愛型

很喜歡性，機能也很強，但是不喜歡和她一樣積極的男性，喜愛看來較孱弱的男性，可以把男性累得慘兮兮。

男性為花花公子型，性愛較激烈的傾向。

F型　心因性冷感型

喜歡性，可是沒有什麼感覺，所喜歡的男性是積極又強壯的性愛專家。

男性對於前戲很熱心，可是真正的性行為卻不行。

G型　過激性愛型

有點自我陶醉型，對於性很消極，機能也不好，但是，很容易產生被虐嗜好，喜歡對自己較粗暴的男性，所以會喜歡粗暴的性。

男性是喜歡女性較積極的性，有被動傾向。

H型　淡泊不燃燒型

對於性很淡泊，不論是在心態或性行為方面都不喜歡，似乎永遠不會燃燒，她喜歡在性愛方面較乾脆的男性。

男性因為有強烈的性自卑，顯然有戀母傾向。

性類型的判定測驗

A型	B型	C型	D型
90分～100分	80分～89分	70分～79分	60分～69分
E型	**F型**	**G型**	**H型**
50分～59分	40分～49分	30分～39分	20分～29分

這是了解個人性類型的測驗，請回答下面十個問題，在A型至H型當中，看看妳是屬於那一型。

ⓐ＝10分，ⓑ＝6分，ⓒ＝2分計算。

1. 頭髮多或少？	a. 多	b. 普通	c. 少。
2. 體毛濃厚嗎？	a. 很濃	b. 普通	c. 很淡。
3. 臉色如何？	a. 很好	b. 普通	c. 不好。
4. 是否很會流汗？	a. 是	b. 普通	c. 很少。
5. 手腳是冷或熱？	a. 溫暖	b. 普通	c. 很冷。
6. 食慾如何？	a. 旺盛	b. 普通	c. 不好。
7. 腸胃如何？	a. 沒問題	b. 普通	c. 不大好。
8. 血壓高或低？	a. 高	b. 普通	c. 低。
9. 容易睡著嗎？	a. 容易	b. 普通	c. 不容易。
10. 性格如何？	a. 有人認為很嚴肅	b. 普通	c. 很溫柔、隨和。

只有愛情不夠，兩人的性類型適合最重要

是否真有性的不一致呢？性與性格一樣有很多種類，有的天生就精力旺盛，有的則天生孱弱，同時，對於性的要求也各不相同，所以才會發生兩人彼此相愛，可是卻分手的情形。

性的不一致因為很難自身解決，所以格外麻煩，為避免性的性格不一致所造成的悲劇，便需要了解性的類型是否適合，在此介紹各類型最適合的性伴侶類型。

A型　喜歡男性化性愛的妳，最好找被動型的男性，C型男性很消極，喜歡受女性引導，所以最適合妳，G型男性亦可。

B型　妳很難燃燒，可是性的潛在能力很強，由於對性很消極，所以和G型男性最適合。

C型　妳很女性化，其實是最喜歡性的人。有點被虐傾向，像這樣的妳，當然是喜愛激烈性愛的A型男性最適合。

D型 對於性很消極，以性未成熟的女性居多，適合懂得性愛技巧的男性，可是太積極的也不行，唯有懂技巧又不是很粗魯的F型男性較適合妳。

E型 妳是個開放而不羞怯的女性，所以懂得愉快地享受性愛，而且性能力很強，即使整夜纏綿也沒有問題，因而以性機能較強的男性最適合，如好奇心旺盛的C型。

F型 對於性很積極，可是機能不太強的妳，喜歡性愛積極型的男士，所以喜愛讓男性引導，喜愛性愛而機能不太強的D型男性較適合。

G型 這是對於性很消極，全都讓男性主動的女性，搭配積極而機能不太強的D型男性最適合，因為機能不太強絕不可以勉強。

H型 對於性很淡薄，只要男性滿足就好，屬於自我滿足型，找健康不太好，性方面也不大喜歡的B型男性較適合。

以上是在性方面適合與否的男女性向分析，妳可以利用它，作為尋找另一半的參考。除此之外，性類型的適合與否，還可以由星座看出來。下面列出各星座的性愛性向。

一目了然的 SEX 性格配合表

女性＼男性	A型	B型	C型	D型	E型	F型	G型	H型
A型	△	×	●	△	△	×	○	×
B型	×	△	△	●	×	△	○	○
C型	●	△	△	×	○	△	×	×
D型	△	○	×	×	×	●	△	△
E型	△	×	●	△	△	×	○	△
F型	×	△	△	●	×	×	△	○
G型	○	●	×	×	○	○	△	△
H型	×	●	×	△	×	○	△	△

●最適合　○適合　△普通　×不合

由星座了解性的適合性

牡羊座（3月21日～4月20日）

很熱情，喜愛充滿熱力與精力的性愛，相配的星座是獅子座、射手座，不適合的是巨蟹座及魔羯座。

金牛座（4月21日～5月21日）

喜愛奉獻、服務型的性愛，最好的對象是天蠍座、處女座和魔羯座，最不相配的是獅子座及寶瓶座。

雙子座（5月22日～6月21日）

喜愛玩愛情遊戲，可是在性方面很淡薄，以射手、天秤、寶瓶座較適合，最不適合的就是雙魚座及處女座。

巨蟹座（6月22日～7月23日）

喜歡由男性主動的性愛，常識派的魔羯座並不適合，反而是講究技巧及溫柔的雙魚座較適合，牡羊座及男性化的天秤座都不好。

獅子座（7月24日～8月23日）

渴望華麗的戀愛，所以對於性很大膽，會覺得牡羊座男性充滿性的魅力，和寶瓶座也適合，但是與金牛座、天蠍座不相配。

處女座（8月24日～9月23日）

為純情型，對於性方面多半感到厭惡而深以為苦，與浪漫的雙魚座、金牛座較適合，與雙子座、射手座不合。

天秤座（9月24日～10月23日）

會受男性喜愛的一型女性，可是對於性並不熱中，較相配的是雙子座和寶瓶座，不適合的是巨蟹座和魔羯座。

天蠍座（10月24日～11月22日）

這是將性與愛合一，愛起來十分熱烈型的女性，與金牛座的男性最相配，和巨蟹座、獅子座也不錯，但是寶瓶座的男性不會令她滿意。

射手座（11月23日～12月22日）

性格開放而自由，有點將性當成運動的傾向，和輕快的雙子座，或牡羊、獅子、射手座都很相配，只有處女座不適合。

魔羯座（12月23日～1月20日）

有女性不可主動的固定觀念，和金牛座、處女座較適合，牡羊座、天秤座則不相配。

寶瓶座（1月21日～2月19日）

將愛與性視為兩碼事，相配的是同樣為寶瓶座的男性，以及天秤、雙子星座的異性，和射手座、金牛座、天蠍座則不相配。

雙魚座（2月20日～3月20日）

配合對方，性方面的性格也會跟著變化。以巨蟹座男性最相配，其次是天蠍座，但雙子座、射手座就不行了。

⊙從體型看妳的男運與SEX運

妳的體型可決定戀愛運和SEX運？

戀愛是一件神奇戲劇的事，偶然在旅行期間的邂逅，也會譜成一支戀曲，但據說戀愛或SEX的命運，與當事者體型有很大關係，這倒是一門學問……

最受男性歡迎的女性體型

經常會熱情地望著男性的女性體型，就是豐滿型——①皮膚雪白臉孔微圓而豐腴，②上下唇都稍厚，③眼睛大而細長（眼尾稍稍向上），④頸子細而稍長，⑤乳房為形狀良好的圓椎形，⑥臀部鼓起而有厚度，腰部纖細，⑦雙腿結實，小腿修長而腳踝富有彈性。

換句話說，整個身體大小恰到好處，大致上是豐腴而皮膚細白，這便是有異性運及SEX運的基本體型。

不過，這種體型有個令人介意的缺點，那就是很會花錢，這一點要多注意。

能夠釣到金龜婿的女性體型

能夠釣到金龜婿的女性，同樣擁有豐滿的體型，但是全身充滿了一股氣質，最重要的是對男性有服務精神。

譬如額頭上有美人尖，即是會服務男性的女性特色之一；頸子較長也是天生具備的。這種女性能夠過很好的日子，全身充滿圓潤感，而且腳踝、臀部、腰部都富有彈性且結實。

喜歡妳的男性會讓妳過得很幸福。

1. 整個身體有圓潤度，但該小處還是小。
2. 美人尖。
3. 臉頰為雞蛋型。

4.唇上有直紋。
5.腳踝到腳尖有彈性而感度良好。
6.肚臍是向上的圓形。
7.臀部高聳而有量感。
8.乳房如吊鐘形。
9.頸部細長美麗。

●能釣到金龜婿的化妝法

1.眼睛小的人要塗睫毛膏。
2.粉底要選擇粉紅色系，唇不宜太強調。

會在旅行時邂逅金龜的體型

這一型的共通點就是有點男性化，行動力強，是屬於稍微缺乏溫柔的女性，但是，這一型女性還很受男性歡迎。

體型特徵是有一雙勻襯的腿，線條修長而富有彈性，所以男性會深深為她著迷。接著來看她身體各部分的重點——①臉孔為稍圓的方形。②鼻子高而挺直。③眼睛比一般人大。④胸部不太大，但是呈半球形，脾氣不錯，容易沈溺於氣氛中。⑤肚臍是圓形的。⑥臀部豐滿，性感度良好，懂得技巧。⑦肘部及膝的骨頭有點突出。⑧雙腿結實如羚羊，精力充沛。

但是，宜注意不要惹同性反感。

可能沈溺於色慾的女性體型

說實話，這種女性很容易沈溺於色慾中，但是從另一個角度來說，也是非常熱情的女性。

猛然一看好像全身都大大的，臉孔的構造也是大而圓，頸部較粗、眼睛、鼻子、嘴巴都大，加上雙唇皆厚，唇角下垂，而且眼睛為魚眼。這種女人有一種特性，就是和誰都能很好，是隨便可以和男人交朋友的人，往好的方面看，主因在於她老實、善良而能夠為男人服務。

此外，如果肚臍突出而不富彈性，即是經常無法以理性抑制性衝動的女性，在這種情況下，也只能設法掩飾體型的缺點了。

完全沒有異性運的女性體型

沒有異性運的女性共通點，就是臉孔為倒三角形，短而圓的鼻子，粗頸子，尖下巴，雙乳之間有死痣，肚臍橫向，八字眉，胸部、臀部、肩膀都下垂，個性上完全感受不到有她自己的個性，加上很瘦，會給人一種窮人相的感覺，是以男性會更加對她不感興趣。

加上腿很細，雙腿間合不攏，其空隙很大，這種女人多半冷感，也沒有什麼SEX運。

這一型的女性應該多做運動，使胸部、臀部更結實，只要增加飲食及運動，讓身體因運動而出現曲線，就有開運的可能。

容易失戀或被拋棄的女性體型

容易失戀的女性多半很喜歡找藉口，也是額頭很寬的女性，而且胸部平坦又不性感，可是，臀部細長表示性愛的精力很充沛，以至於男人會覺得她太纏人。

或是蘿蔔腿加上腿粗、X形腿，往往私處會顯得彈性不佳，以至於男人想拋棄她。除此之外，①臉孔為方形，很喜歡說道理，寬額頭。②腰粗。③蘿蔔腿毫無彈性。④每顆牙齒都很大。⑤肚臍窄直。⑥胸部扁平。⑦臀部細長等。這種女人很容易失戀，如果牙齒很大，做事情一點也不女性化，看來會顯得粗魯而討人厭。

開運的方法是少開金口且保守些。

由臀型看妳的「性運」

已經有了性關係而被拋棄的人，其共通點就是體型不好，尤其是臀型，是男女關係最密切的部分，當然會左右妳的異性運。在這兒，我們將臀型分成五種，來分析其性格與性。

・**豐滿型**——最理想的臀型，異性運很好，隨著性經驗的累積，感受會愈來愈好，精力也充沛，任何體位都能達到高潮，全身都是快感帶。

・**渾圓結實型**——容易被男性欺騙，無法拒絕男性的性要求，喜歡的體位是正常位，快感帶集中於胸部。

・**無肉型**——比他人加倍喜歡性愛，可是很難達到高潮，所以會一個接一個換男人，有時還會發展到ＳＭ，甚而到達每晚都需要男人的境地。

・**多肉型**——臀部多肉的女人善於口交，喜歡讓對方高興，偏好坐位及後背位，快感帶為頸部和耳朵。

・**扁平型**——膽小而缺乏活力，會隨著接觸的男性改變，不會自己去尋覓性生活，外性器發達，以女性上位最容易獲得快感。

最適合妳的男性臀部型

現在來看看適合妳的男性臀型。

・**豐滿型**——也是精力充沛型的男性適合妳，所以要選擇同樣的豐滿型，和渾圓結實型也很相配，可以纏綿整個周末，是理想的一對。

由臀型看性方面的異性運

男＼女	豐滿型	渾圓結實型	無肉型	多肉型	扁平型
豐滿型	◎	○	△	◎	◎
渾圓結實型	○	×	△	◎	◎
無肉型	△	◎	×	○	×
多肉型	△	△	◎	×	×
扁平型	△	△	◎	△	×

◎最好　○適合　△普通　×不好

・**渾圓結實型**——容易變心的妳適合有耐性而能夠引導妳的無肉型男性，因為他會用口舌仔細地愛撫，讓妳死心塌地的跟著他。

・**無肉型**——對於妳的過度要求都無話說，能夠盡情為妳服務的，便是多肉型男性，如果同樣是無肉型，在尚未進展到性關係以前即可能因性格不合而起爭執。

・**多肉型**——和同樣為多肉型的男性最適合，可以花很多時間口交或頸部愛撫，增添妳的快感。

・**扁平型**——和以愛撫為中心的性來增加氣氛的多肉型和渾圓結實型男性最適合。

⊙處女與非處女的得失意涵

不要讓他看出妳是非處女的技巧

不只是對女性，對男性來說，處女膜具有重大的意義，顯然即使是在講求性開放的時代，處女膜依然是個令人介意的問題，所以，讓我們在此看看男人對於處女與非處女的看法。

對男性而言處女般的性情更重要

雖然現代的男人都裝著對處女已不再那麼執著，但事實卻非如此，不過對現代男性來說，真正應該介意的還是處女般的性情。

「說對了，以我們男人來說，對於處女的執著，其實就是一種獨占欲的表現，即她是屬於我的，因為男人的這種意念都很高昂，所以，女性有處女般的性情就很重要了。」

「所謂處女性情，主要是指精神方面的處女，這是男人對女性的期待，希望她在精神層面是純潔的，我無法說得很清楚，也可以說是一種少女氣質吧！譬如和我做愛時有被動反應，或是看到她害羞的模樣，都會使我忍不住想抱緊她。」

「何謂處女性情，應該是女人的一種個性吧！和是不是處女無關，也是一種態度，因為一旦是習慣了的關係，處女性情這句話便失去了意義。」

「這個性情指的是精神方面的要素，所以很難解釋，我認為它應該是個意識，亦即沒有經歷過很多男人的意識，不會讓男人覺得她低級，這種女人就是有處女性情。」

對以上的男性觀點而言，「處女性情」的含意極廣，簡言之，就是實際上已非處女，可是在精神方面仍有處女的單純與溫柔，這種性情非常重要。

不要讓對方知道非處女的技巧

現在已知處女性情如何重要，但是，當妳實際面對是否處女之時，卻往往不知如何是好，為了抓住他的心，妳就需要裝成以下處女的技巧了。

①給男人「這個女人好可愛」的印象。

為了避免讓對方發現妳不是處女，而約會中被他擁抱時，絕對不要自己靠身過去，最好能表現不積極也不消極的態度。

②要做出處女的動作，表現很含蓄、高貴的姿態。

譬如對方碰妳的身體，要稍微顯得緊張，然後做出難為情的動作，他一定會死心塌地地愛妳。

③接吻時要自然地表現出害羞的模樣。

接吻最容易暴露妳的性經驗，所以要格外小心。但是，也不可以為了表現處女姿態，連接吻也不曾經驗過就太過分了。要略帶羞澀地由他主動吻妳。

④說話方法與對白都是判定是否為處女的無形指標。最好避免較低級的下流話。

⑤隨時扮演清純的少女姿態，上床時要相信自己還是第一次。

⑥要積極地撒嬌，流些眼淚無妨，但是不可太過分。

讓男性視為處女應有的心理條件

①具有清潔的氣息及無邪的幼兒性。
②不會意識到男人的性。
③具有少女的羞澀，經常可愛而無技巧地撒嬌。
④有時會表露一點真心的天真無邪。
⑤對於髒或醜的事物敏感而表現厭惡感。
⑥顯得內斂而不會太任性。
⑦會以溫柔的心來包容男性。

如果妳並非處女，上述條件只要具備三點，妳就是有處女性的女性。永遠不失去處女性的條件是——

①經常誠實地反省自己的感情行為。
②對於弱者有毫不吝嗇的同情心。
③自己對善惡與是非有明顯的看法。

⊙走入婚姻的捷徑——辦公室戀愛

美妙而刺激的辦公室戀愛成功率百分之八十？

柳暗花明是辦公室戀愛的特色之一，只要有合意的對象，通常都會順利地進展到結婚。在這兒為各位介紹讓辦公室戀愛成功的竅門。

透視「無能男性」的方法

●膽小而畏懼權威的無自信型

善於向上司諂媚的男人，到時候會對女性很冷淡，必要時也會逃之夭夭。

●妒心過強為戀母情結型

這種人多半不開朗，對於女性有自卑感，不懂戀愛技巧，無法讓女性滿足。

●無責任感的遊戲型

是動不動就喜歡女人的一型人，但是，本身的性能力卻很弱。

●意志脆弱的厭惡勞動型

是典型的邋遢男性，一輩子不會出人頭地。

●輕浮而缺乏細緻型

像外褲拉鍊也不拉就出門的男性，戀愛技巧也是以自我為中心。

●虛榮心過剩型

愛說話，很快就會把秘密洩露，和這種人在辦公室戀愛當然很危險。

●成功欲旺盛而輕忽女性型

因喜愛炫耀而令人討厭，他會說「我和幾個女人睡過覺」，這種人不把女人當人，不懂真愛，只會虛張聲勢。

辦公室的戀愛規則與技巧

●只有兩人知道的秘密訊號

最傳統的方法，就是在傳遞文件時，把寫好約會時間、地點的紙條交給對方。不過，這樣做未免太無趣，如果妳要享受辦公室戀愛的樂趣，何不自己設計一些密碼或暗號？

譬如你可以利用計算機或電腦，將約會的時間、地點或答覆等，以數字向他表明。

先要決定數字代號，然後以交換數字來溝通。或者，也可以用衣服或手帕的色彩來做暗示。

●和他一起加班

在公司裏，很難得只有你們兩人獨處的機會，等待偶然不如自己積極製造機會，有這種心才是讓戀愛成功的要件。

如果他今天可能要加班，妳可以故意讓工作的進行速度慢些，一旦上司命令妳留下來加班，妳就可以和他一起留下了，在辦公室內約會，滋味格外不同，妳不妨一試？

●在公司內堂皇交換情書

如果想要在公司內給他情書，可以早上發信時一併交給他，這時，信封不要使用特殊的可愛型信封，如果可能，最好使用公司的信封，這樣比較不容易被他人發現。

●要避免太早公開

任何公司裏總會有幾個喜歡搬弄是非的人，就像擴音器一樣，像這樣的人就要避免讓他知道，才能百分之百享受辦公室戀愛的樂趣。

當然，妳可以送禮物給他們，或是多說些奉承話，但是，必須做得不讓他們看出妳的心意，過分就可能弄巧成拙，尤其他們邀請妳去喝茶或參加聚會時，千萬不可每次都拒絕，偶爾也要和辦公室的其他同事在一起，這樣不但可以避嫌，也可以收集更多資訊。

如何在辦公室內打贏三角戀愛？

●推廣自己在公司內的社交圈

盡量增加會幫助你的人，只要大家都熱心支持妳，妳的情敵自然會消極。

●與上司交往密切

對上司保持什麼都可以談的管道，對方知道妳神通廣大，自然會放棄與妳競爭，昨日之敵說不定還會變成好友。

●抑制自我顯示欲

在公司裏，做事情如果都以自我為中心行動，同事自然會討厭妳，妳的情敵也會趁機攻擊妳，所以，妳一定要抑制自我顯示欲，這樣，妳和他的戀愛才有新的突破。

●要了解情敵的優點

這一點正是妳的他會被吸引的原因，只要了解這些優點，妳也可以設計將他的注意力吸引回來。

●和情敵做好朋友

和情敵成為好友，妳的他就不會明顯地接近她，這段期間妳就可以設法把他的心拉回來。

除此之外，內向的人要盡可能讓自己外向些，倔強的人也需要稍微抑制自己的脾氣，只要妳肯努力改變自己性格上的缺點，自然會變成迷人的女性。

其次，要多了解公司內的情況，或是形成以自己為中心的集團，這是超越他人，取得最後勝利的成功秘訣。

男人對於辦公室戀愛的期望

以下是二位男性吐露的真心話。

●對象必須是適合辦公室戀愛的女性

「所謂適合辦公室戀愛的女性，就是懂得你的幽默感，喜愛美味食物的女人，又能夠從流行穿出自己的格調。雖然不是大美人，但卻是迷人的女性。眼睛迷人，人際關係良好，擅長運動，多少會吃醋，撒起嬌來人見猶憐，也不會太愚蠢。」

●進展到結婚的希望對象

「長得美麗與否並不重要，如果要進展到結婚，當然必須是健康又性情溫柔的女性；以常識來說，就是愈平凡的女人愈好，現在的摩登女性並不適合，最好在性能力方面也不太強，免得負擔太重。」

⊙初級接吻技巧與禮儀

還不能稱為愛的男女關係最需要交際吻

妳還記得初吻時的感動嗎？或者妳尚無接吻經驗？現在悄悄告訴妳可能改變妳一生的接吻技巧，而且是從初步開始教起。

自然地引誘他接吻的動作與愛的訊息

接吻的整個過程當中，包括了吸吮、咬、舔、輕觸、壓擠等的連續動作，如是，接吻一詞的含意似乎相當複雜。

不只是舌與唇的接觸，它還包含了手、眼睛、臉頰、額頭、頭髮、頸部、胸部、乳房、腋下、大腿、性器等各種對象的吻，並因吻法而且有愛情、友情、尊敬等多層意義。

接吻的種類很多，它包含了最重要的愛，對兩人而言，正因為有愛，接吻便成了極自然的行為，因此，一個吻說不定會改變、影響妳的一生。

接觸

接吻的第一步就是觸吻。如果妳和他都沒有接吻的經驗，第一次的接吻就可能只是觸吻，而彼此唇與唇接觸的瞬間，一定會產生宛如失去處女膜般的感動。

①對頭髮的觸吻會令人覺得難為情。
②輕吻敏感的耳朵使人陶醉其中。
③對額頭的輕吻顯得很純潔。
④唇與唇的觸吻會使一顆心咚咚亂跳。
⑤對眼瞼的輕吻會給人安詳感。

下一個階段是從觸吻轉變成撩吻，甚而從幾秒鐘進展成長時間的熱吻。

咬

這是用牙齒輕輕咬著唇，但不可以真的用力咬。

這個技巧的應用範圍比觸吻更廣，譬如咬乳頭、臀部等，因咬而產生的性刺激重點很多，或者妳輕咬他的臀部，也是女性較為積極的性愛技巧，男士們必定會因為刺激而萬分興奮。

吸吮

兩人之間的關係愈來愈親密，就會從觸吻進展到吸吮式的吻，這是對唇、舌進行輕柔或強烈的吸吮動作，也即是所謂的深吻。

這種深吻的時間較觸吻長，竅門在於有強中弱的節奏，如果加上舌頭的伸入伸出，或是舌與舌纏在一起的技巧，更加可以增高接吻的刺激效果。

不只是唇，諸如牙床、上顎、頸部等部分，也要溫柔地吸或舔，這是應用技巧，讓初吻時的羞澀，逐漸轉變為深入又大膽的長吻、熱吻。

也有這種令人興奮的吻法

♥熱帶吻

在開放的陽台上一面吹著海風一面接吻最迷人。這種吻就像是在喝熱帶飲料，可以細細品味甜美沁涼的滋味。這種吻明朗而美妙。

♥地中海之吻

在湛藍色的海邊，燦爛的陽光加上明朗的心境和激情的吻，你不覺得和地中海的綺妮十分相襯嗎?當然，在黑漆漆的床上不會有這種效果。

♥城市之吻——側吻，較適合都市派的女性。

在擁擠的汽車裏，讓他在妳的頸部溫柔地吻一下，或是停下來等紅綠燈時，在妳耳邊輕吻一下，這是趁他人不注意時極自然的輕吻。

♥番茄之吻

不只是接觸，還用舌頭做激烈的吻，是熟透的番茄之吻，屬於大人戀愛時的接吻方式。這種吻大膽而激烈，會使氣氛更濃郁。

⊙情侶間充滿氣氛的接吻學

利用戲劇化的吻來確定彼此間的愛情深度

妳和他之間已產生濃濃的情意，第一次是宛如小鳥接吻般的唇與唇輕觸，接下來必需證實兩人的愛情真實性，所以吻會轉變為炙烈的熱吻。現在，妳要試著引誘他吻妳。

在料到他會吻妳時誘惑他

隨著心理上的愛情加深，生理上的愛情也會隨之深刻化，當然，接吻的作用很大，所以，妳應該積極而主動。

或謂接吻的訊號就是把眼睛閉起來，其實，最好的方法是去接觸他的身體。可是，有的男性一接吻手立刻伸向女人胸部，這時就要把他的手按住，讓他吻妳的面頰、唇四周和頸部，這樣也可以增加兩人的興奮程度。

接吻的十個基本形態

簡單說是接吻，其實接吻有很多類型，隨著戀曲的進行，接吻的形態也會隨之無限擴展，現在介紹十種基本的接吻形態。

①如同蝴蝶停在花上，唇與唇輕輕地接觸，這是明朗的吻法。
②女性想接受他的愛時的吻法，彼此的唇輕輕地接觸。
③做了愛之告白以後的吻，男性對女方的唇及其四周做斷斷續續的吻。
④一面接觸，慢慢把舌頭淺淺伸入對方口中，這是否表示ＳＥＸ也ＯＫ？
⑤以自己的上下唇深深包含著對方的唇，這是愛的再確定之吻。
⑥將唇轉半圈強烈的按向對方，目的是要讓對方知道自己的慾望。
⑦把舌頭伸入彼此口中，以舌尖刺激對方的唇，這是在享受接吻的樂趣。
⑧把舌頭深深地伸入對方的口中吸吮，在ＳＥＸ前的前戲最適合。
⑨輕吻對方的嘴唇四周，可以增加接吻的變化。
⑩互相伸出舌頭纏繞，最適合正愛得暈船的一對，是屬於爆炸性的吻。

舌頭技巧

①互相壓舌尖，這是為了刺激舌尖的快感帶。

②以自己的舌尖輕觸對方舌下，會有種暈眩的快感。

③輕咬對方的舌，微痛感會很快轉變為快感，但是不可以用力咬。

⊙變幻自在的愛情遊戲

接吻的最高技巧在開啟激烈的性愛門扉

接吻也是情侶們性愛遊戲的準備步驟，或者也可以說是一種前戲。巧妙的吻，能使SEX更加甜美，同時也是一種愛情的再肯定。

令妳發出快感叫聲的吻是戀愛成功的證明

性遊戲的吻，首先是從耳朵開始，這會令人立刻嚐到最初的陶醉，然後輕入頸部，這時可以一手抱緊他的身體，另一手揉他的耳朵，或是溫柔地輕撫他的頭髮。

接著讓他吻妳的乳房，這時，兩人都會清楚地意識到性而覺得很興奮。讓他由後方抱住，頸部到後頸的吻能使妳發出快樂的呻吟。

對於這個部分的前戲，妳只需放任他去吻。但是，如果妳只是任他吻而不動，他也會感到乏味或無趣，所以妳一定要有反應，或抱著他或愛撫他。

他熾烈的吻會使妳更大膽

對於上半身的吻，以仰臥在床上較容易做到，也比較能享受到快感。從側腹到乳房四周，接著，他的唇會移到肚臍，這時你會像是被吻性器般感到難為情，但是快感度也更加提升，最好妳能扭動腰部，讓他更容易動作。

他的唇從背後到大腿，終於愈來愈接近私處四周。甚而對臀部粗魯地咬一咬。

他的唇終於放在妳的性器上，妳要大膽地張開雙腿，難為情會使你的快感更加高昂，但是，妳的大膽卻會使他感激。

妳可能會覺得意外，腳趾和腳底竟然是十分強烈的快感帶，尤其愈覺得癢的地方快感愈強烈，把腳趾含在口中，或是舔舔腳底，一定能讓妳嘗到不曾有過的快感。

可確定二人之愛的性器接吻技巧

愛侶之間最徹底的吻，即是性器之吻，女性對男性的接吻方法，即是以唇和整個嘴溫柔地愛撫他的性器。特別是陰唇的尖端十分敏感，只能使用唇和舌，絕對不可以使用牙齒。對於陰莖根部的壓吻，也會給男性帶來快感，令人意外的是，多數人都忘了也要吻吻睪丸。

體位也需要多做研究，譬如69體位，女上位與男上位就有微妙的差別，大體上說來，女上位較容易含著他的陰莖。如此彼此愛撫性器，妳一定會覺得彼此的愛更加真實，這時候，妳也會更深刻地了解到接吻的重要性。

第二章

男性的身、心與性愛

⊙單身男性喜愛、討厭與理想中的性愛

男性並不喜歡完全主動的SEX

男人並不認為只要有SEX就夠了，他們對於SEX非常細心，現在，讓我們來看看他們的心聲，他們對於性的要求究竟如何呢？

和她做愛只會令我感到不快——

「大概是她對性毫不感興趣，所以經常一完事就入睡，好像做愛是她的催眠藥。」（22歲・學生）

「以前似乎連脫掉衣服都會顯得害羞，現在她可真是大膽了，身上的衣服像是輕易抓起來就丟掉，以至於我總覺得她愈來愈沒有女人味，彷彿連慾望也快消失了。」（26歲・公司職員）

「女人在做愛時當然是愈興奮愈好，可是，她經常用指甲抓我的背，並且

是用力抓，所以我的背上都是傷痕，希望她能稍微控制一下。」（30歲・公司職員）

「大概是性經驗太豐富的緣故，他會指定做愛時的體位，而且總是以自己的意願為主，要這樣要那樣，好囉嗦的女人。」（23歲・學生）

「她總認為性愛是男人的專利，所以永遠是被動的，結果只是她獲得滿足，我卻累得慘兮兮。」（27歲・電子工程師）

以自我為中心的性愛意識不好，很可能會在意想不到的地方令男人感到討厭，所以，下次上床前最好先檢討一下自己的態度。

我們希望有這樣的SEX……

「她只願意以正常位做愛，這樣實在太無聊了，真希望能試試其他的體位……」（29歲・公司職員）

「她大概是個性太內向，非常害羞，做愛時不准我把燈打開。其實，兩人都是全裸有什麼關係呢？我真希望能仔細欣賞她的身體……」（20歲・學生）

「為了試試在車子裏做愛，我特地買了一部大車子，可是她拒絕在車中做愛，即使是在絕不會有人看到的地方也拒絕，不讓我更進一步，如此一來，我就不知道為何要買大車子了。」（30歲・職員）

「還沒有結婚當然要避孕，但是，這種事不該全都由男人做吧？戴保險套感覺確實差了些，真希望她偶爾吃避孕藥或裝個避孕器，可是他完全不接受我的意見，還說這本來就是男人的責任，到底這是誰決定的！」（22歲・學生）

「也許使用成人玩具是性變態，可是，我真希望能試一次看看，最好能仔細觀察她的表情變化，即使她覺得我下流也無所謂，我就是想試試」（29歲・職員）

「女人偶爾也該穿個透明內褲，或是表現一下和平時不同的情調，讓我偶爾驚艷一下，也比較有新鮮感呀！」（32歲・職員）

以上，男人奇奇怪怪的願望很多，在這兒只能介紹一部分，妳的他情形如何呢？

⊙了解他花心的願望

他何時會花心？給他一個花心期望度測驗

即使他真心愛著妳，偶爾也會想要換換口味，這就是男人的缺點。妳是否想知道他期望嚐鮮的程度？悄悄給他一次測驗吧！

測驗1

妳正在和他不認識的男性說話，不巧被他看到了，他會對妳採取什麼態度？

A：他會對妳吃醋。

B：他會仔細盤問那個男性的種種。

C：吃醋，不肯認輸。

D：會問妳到底喜歡他或那個男士。

測驗2

從下面的答案當中，選出妳認為他會喜歡的遊戲。（可以複選）

A：象棋　B：圍棋　C：麻將　D：高爾夫　E：賽馬

F：撲克牌　G：柏青哥　H：賽車　I：紙牌　J：骰子

測驗3

到昨天還顯得很健康，可是今天和他約會時，妳手上突然綁著繃帶，妳認為他看到妳以後的第一句話會說什麼？

A：咦，妳的手怎麼了？

B：呀，妳這個慌張鬼，是不是又灼傷了？

C：看來很痛，有問題嗎？口氣很擔心。

D：只瞄了綁繃帶的手一眼，一句話也沒說。

測驗4　在捷運車廂裏挽著他的手靠近他，妳想他會有什麼反應？

A：全身僵硬，感到難為情。
B：雙手用力抱緊妳。
C：看看四周，稍微把身體移開一些。
D：小聲向妳說：「嘿！不要這樣。」

測驗5　妳邀請他和女友到家裏來，妳想他對妳的女友會採取什麼態度？

A：裝紳士，客氣地與她交談。
B：向妳的女友細問妳的種種。
C：渴望知道妳的女友生活情形。
D：說些奉承的話，努力表現自我。

分析

A型——他沒有花心的願望，但如果女人引誘他，他會無法拒絕，很危險，千萬別讓他接近其他女性。

B型——只對比自己更有才華的女性會動心，但這種願望不會持久，所以不必吃醋。

C型——他只會好奇，很快就會冷卻，不用擔心。

D型——他的花心意願很強烈，他的興趣是征服欲比對愛情的渴望更強烈，對他來說，這純粹是一種遊戲。

E型——他的花心意願只是表面的，他不會真的和其他女性戀愛。

測驗的診斷

測驗4以外

A＝8分　B＝6分

C＝4分　D＝2分

測驗4

0～2＝8分　6～8＝4分

3～5＝6分　9～10＝2分

●求出5個問題的合計分數

你的他的類型分析

40～36 點 → A型

36～30 點 → B型

28～26 點 → C型

18～14 點 → D型

12～10 點 → E型

男人真的想花心時

男人花心通常具有幾個理由或條件。既然已有妻子，為什麼還要找其他的女性呢？要了解男性，最重要的即是了解他花心的原因。

男人會花心，往往是在如下的情況下——

①渴望認識更多女性，知道更多的「性」。

②想接觸與妻子不同魅力的女人。

③他的花心對象可以滿足其自尊心或虛榮心。

④覺得花心對象比妻子可愛，就像洋娃娃一樣惹人憐愛（對女性抱偶象感情）。

如果男人有以上情況時，就會有花心的意願，但有些只是偶然的現象。

接著看看男人不會花心的具體因素——

①覺得身邊已有適合自己的女性，而且情投意合。

②遇到充分了解男人性向與嗜好的女性。

③覺得自己的妻子很迷人，可以帶到大場面滿足自己的虛榮心。
④認識了很瞭解男人缺點，而且會引領男人的女性。
⑤受到女性歡迎，覺得自己是受歡迎的男性。
⑥身邊的女性十分性感，可以滿足其征服慾。

男人會有花心或變心的意願，多半是目前的伴侶無法達到其要求，造成其欲求不滿而引起的。

⊙男性的自卑感

男人也有很多的煩惱？

每個男人多少都有令自己感到自卑的地方，特別是戀愛中的男性，往往會因為這種自卑而顯得無精打采。現在，就讓我們來看看男人會有什麼樣的煩惱。

男性也會為其長相或身材煩惱

①「在街上，我經常想向女孩子搭訕，可是一考慮到自己的身高便退縮了，因為我只有一六三公分。」（20歲・學生）

②「我是來自鄉下，說話有很重的土音，所以，我一直不敢隨便向女孩子搭訕。」（25歲・職員）

③「我的爺爺是個禿頭，或許是遺傳的緣故，我現在也有點禿了，女孩子好像都很討厭禿頭的男人！」（28歲・攝影師）

④「真不知男人的皮膚細白些有何不對，反正，女孩子總是說我太白了。」（22歲・學生）

⑤「自從有個女孩子說我是醜八怪以後，我就很在意自己的臉孔。」（21歲・學生）

⑥「原本以為她很喜歡我，沒想到她卻說我眼神怪怪的，又說我是虬毛的，像黑社會的人，再也不理我。」（26歲・自立營業）

⑦「有人說這是青春的象徵，可是，滿臉青春痘真的煩死我啦。」（22歲・學生）

向不敢求偶的男性伸出援手

⑧「我缺乏獨立的經濟能力，這是我的致命傷，女孩子都不會真心喜歡我。」（26歲・無職業）

⑨「我總不能對女孩子說：『我們家是務農的，妳願意和我一起去種田嗎？』」（27歲・公司職員）

⑩「家裏有個離婚回來的姐姐，父母是篤信佛教的教徒，另外還有一個終年躺在床上的祖母，你想有那個女孩願意嫁到我們家來？」（28歲・自營業）

虛榮心也會給男性帶來嚴重自卑

⑪「到了這種年紀，連一部車也沒有，還有那個女人願意嫁我呢？」（34歲・自營業）

⑫「我不敢和女孩約會，因為我長這麼大還沒有去過咖啡廳或舞廳，她們會說我是無聊的男人。」（26歲・職員）

⑬「我是個很會臉紅的男人，只要有女孩在身邊，我就會莫名的興奮而臉紅，甚至還口吃，真是一點辦法也沒有。」（28歲・職員）

⑭「我對於平凡的女孩子都不甚滿意，有沒有只欣賞我的女性呢？」（23歲・學生）

⑮「如果我向女孩子求婚遭到對方拒絕，我一定會難堪死了，所以還是不要冒險較好。」（28歲・職員）

⑯「進入大學以後我就開始學習打網球，可是我總打不好，女孩子會喜歡這樣的我嗎？」（20歲・學生）

⑰「以前交往的女朋友說我有狐臭和腳臭，其後我每天都過著暗無天日的日子。」（24歲・職員）

⑱「我從小就體弱多病，所以女孩子都不喜歡我。」（18歲・學生）

妳看如何呢？是否覺得男人也有很多煩惱？所以，對他們溫柔些何妨呢？

⊙為何男性有伴侶還要去特種營業區

女人所無法了解的男人性衝動緣由

任何男人都會有性衝動，但是他已經有妻子或女友，為何還要去特種營業區呢？妳了解男人的心理嗎？來看看男人如何說出他心裏的話。

男人為何要花那麼多錢去那種地方？

這一點對女性而言是不可理解的，因為你家裏已有妻子或女友，何必花錢去找女人呢？那種女人真的那麼好嗎？

「到那種地方和與她做愛不同，因為去那種地方從開始到最後都是由女人服務，純然是享受，可說是完全以我為中心的性，那是真正的休息，當然和妻子不同。」（28歲・職員）

「普通的女孩子都不知道男人的本質，交往以後有很多覺得麻煩的地方，而且不能說要分手就馬上可以分手，有了女朋友也不是說要做愛馬上就可以做愛，反而是到那種地方去比較容易解除心理壓力。」（27歲・職員）。

「我不知道其他地方有沒有初次見面就可以做性服務的女人，但是，那種地方就有，而且有各種技巧，所以我很熱中於去享受。」（21歲・學生）

「為什麼花那麼多錢去那種地方？這是一般女人的想法，實際上根據我的經驗，那種地方的女人比一般女人還廉價呢！

當然，男人和女人交往多少都有企圖，但遇到愛玩的女孩子，往往既跳狄斯可又要到咖啡廳吃館子，這些就要花不少錢，最後可以達到目的還好，但經常遇到這種會花錢的女人，最後仍然拜拜走了，真讓人受不了，相形之下，只要你花錢一定為你服務的女人，確實是可愛多了，甚至你要回去，她還會依依不捨，讓你想忘都忘不了呢！」（30歲・職員）

「有時男人會突然需要，但每次都要約她出來，先吃飯、喝酒，等有了氣氛才去旅館，每次都要有這種過程，再強烈的衝動最後也會消失。相反的，去那種地方立刻就可以完事，完全不需要那些麻煩的過程，因為，我是個一想到

就要立刻行動的急性男人。」（30歲・攝影師）

很顯然地，男人只是因為他們需要性，於是乾脆到那種地方處理掉了。

⊙男人的身體、錄影帶、電影

男人對於女性的關心

男人有時會在奇怪的地方花很多錢，譬如收集偶像的照片、收集錄影帶，他們心裏到底在想些什麼？現在把男人的這種心理分析一下。

●偶　像

男人年紀再大，對於年紀較小的女性偶像還是會感興趣，有些是覺得她們可愛或是如同妹妹般喜歡，但基本上男人都有一種保護弱小的慾望。

他們喜歡的是、像藍波這種硬派的電影名星，熟知他們更喜歡裸體女人或做愛鏡頭的色情電影，這便是男性心理。

男人感興趣的是英雄及美女的電影，至於浪漫的電影，他們只有在約會時才陪女孩子去看。

●書

男人喜歡看那些書呢？雜誌方面是「花花公子」一類的色情書刊、汽車指南、購屋指南、著名女星的裸照等，由於男性偏好指向性，所以，有關SEX的雜誌愈來愈多。

這些書一定有人偷偷喜愛，購買目的是男人自慰用。

●錄影帶

除了各級電影外，還有女性不敢觀看的色情電影，或是只有男性的色情錄影帶也很有趣。有的錄影帶根本沒有故事，可說全是自慰用的，特別是胡亂拍的男性最喜歡。

●遊　戲

男人所喜歡的遊戲，不是很色就是最傳統的桌上遊戲，當然，色情遊戲都是獨自一個人玩。

⊙男性喜愛的女性內衣

具刺激性的內衣較可愛型內衣討男人喜歡

妳是否注意到他很在意妳的內衣？這是因為穿著內衣的女人都很美。不過，有時他只是在觀察妳的品味，所以，妳應該多研究他對內衣的感覺來抓住他的心。

女性化的內衣是女性美感的基礎

男人應該有男性氣概，同樣的道理，女性就應該有女人味，尤其是在內衣方面，更需要掌握這個重點，因為的確所有的男人都喜歡女人穿富有女性媚力及成熟感的蕾絲胸罩。

「我要保護她」——男人都有這種想要保護弱小的本能，因此，穿上能刺激他這種本能的內衣，也是男人喜愛的。

表現公主氣氛的襯裙，會使男人忍不住想擁抱妳。

有時男人也需要性的刺激

沒有一個男人不喜愛女人，男人都會希望妻子有時熱情的挑逗他。所以隱約可見曲線的內衣，會帶給男人強烈的性刺激。看了會令男人心跳的效果不錯，不過，妳老是穿這種內衣男人也會厭煩。

⊙男人想說服女性時的真話與假話

男人會單純地為了妳的身體而設法說服妳

男人在設法說服妳時所說的話，絕對不可以輕易相信，因為話中一旦包含了有想讓妳知道的意圖，他就會表裏不一致。

最危險的十句話

①午夜的甜言蜜語

人生經驗豐富的男性，最會欺騙年輕女性。

「我和妻子之間的感情不好。」

「在家庭與婚姻方面，我是個非常不幸的人。」

嘴裏這麼說，雙眼望向遠方，裝出很悲傷的模樣——像這樣的男人，通常都善於在家中享受他的家庭生活。

「我在考慮要和太太離婚。」

如果男人說出這樣的話，接著就會表露他的企圖，妳等著瞧吧，絕對不要相信他這種話。

②單身男性會利用女性的母性本能

「妳真的很像我以前的女朋友！」

他會刻意談些懷念女友的事，讓妳覺得他很不幸很可憐。

「好不容易終於邂逅了妳，我真的太幸運了。」

③喜歡與名人攀關係

「名歌星××是我的高中同學。」

強調他認識一些名人，這種男人最迂腐。

④禮物攻勢

「我看到它就想到妳，我想，它一定很適合妳。」

不斷送禮物給妳的人，一定有不良企圖。

⑤每次見面都刻意讚美妳

「嘿，妳換了髮型。唔，很不錯，這個髮型的確很適合妳。」

像這樣的讚美，任何女性都很容易聽進去。

這種人深信女人都相信讚美的話，所以，妳也要特別注意他的讚美。

⑥令人覺得他想結婚的說詞

「真想看看妳穿著圍裙的樣子。」

對方這麼說的時候，大多數的女性都會以為他在求婚，但愈是會這樣說的人愈沒有結婚意識。

⑦經常唸一些著名作家的名言名句

「托爾斯泰曾經說過這樣的話……」

經常背誦一些名言來唬女性，表現得很有文學修養，事實上，市面上有很多專門收集這種名句的書籍，男人只需買來背一背就可以應用了，千萬要小心。

⑧「妳是我生命中的太陽」這種說法也要注意

「昨天晚上我想了妳一夜，一直到天亮了都睡不著。」

「妳就是我的一切！」

除了原本就性情浪漫的男性以外，一般男人在說這種話時都有企圖，所以，妳一定要豎起耳朵聽清楚。

⑨喜歡奉承女人

「啊！自從我認識你，我的生活就完全改變了。」

這是最普遍的說法，另外還有——

「過去我真是誤解了女人。」

「我就像是突然清醒過來一樣，第一次看清女人。」

若是真心喜愛妳的男性，絕不會輕易說出這樣的話，只有輕浮的花心蘿蔔才會輕易說出這種話。

⑩厚臉皮地誇耀自己的性能力，認為自己技巧高明。

「我床上功夫很行喲！」

「上回我跟一個女人樂瘋了呢！」

先說了然後觀察妳的反應，一點一點逼過來，這種男人絕對要小心。

以上這些都是最危險的話，看到這兒，妳是否想起了自己也曾聽過男人說出類似的話？

從男人所說的話和聲調，可以看出男人的真心，只要妳能掌握這一點，就不怕被男人的甜言蜜語騙了。可是，要如何看出男人的真心呢？首先，妳需要記住下面幾點。

(1)從日常言行中多了解其人的感情起伏。

(2)觀察他在發脾氣時，感情是否會表現在聲音上。

(3)多了解他的生活週期。

(4)了解他與家人的感情生活。
(5)從他的動作了解他的性慾起伏。
如果他是會隱藏真心的人，妳就要多注意了。

別讓男人的虛情假意迷惑了——

1「我真的愛妳。」「我不騙妳，我是真心的。」「我是很自私，但是我對妳卻是真心的。」這些都是勾引妳的話。

2經常單方面主張自我的人，會很激烈地強迫妳：「今天不放妳回去了。」「今天永不再回來。」「妳令我瘋狂。」「今晚妳絕不能棄我而去。」男人說這些話都不能相信，特別是猛說要結婚的男人更不可信。

3「相信我，我不是向妳說過很多次我愛妳嗎？」如果這種溫柔與前述的男性氣概都不管用，他就改變態度來刺激妳的女性本能——「我好寂寞」——很多女性就是怕這句話。

4「拜託妳，就這麼一次。」「有愛情不就夠了？我不是很早就告訴妳我愛妳了嗎？」並說出他的愛情觀。

5只想要妳身體的男人，一定會這樣騙妳：「妳為什麼都是要聽別人說什麼？」「我不會跑的，妳這樣說真是冤枉我了。」讓女人落入陷阱。

6「什麼？妳說我卑鄙？」愈來愈容易露出真面目，但只要男人溫柔些從後面抱住女性道歉，多數女性都不再深究。

7萬一懷孕了，知道後第一句話是「遭了，怎麼辦？」如果問他：「要不要生下來？」就回答：「不可能，再等一陣子吧！」一味逃避。像這樣的情形通常已無法挽回，聽說懷孕會如此回答的沒有一個是好男人。

8如果強迫他結婚，只是一再回答：「原諒我。」「不行。」就是真的無心結婚，最後他會說：「我們不再談這些！」

9「我們的愛情遊戲也該結束了。」男人說了這種話就會離開，特別是女方要求結婚時，男人就會急著離去，或者他另找個新的女友。

10玩弄了一陣子想拋棄女孩時，便乾脆說：「我們分手吧！」這種男人最可怕，妳可要多注意，別讓他騙了妳。

⊙洞悉男人真面目的重點

從男人的動作、衣著、態度透視他的真面目

原本溫文儒雅的他，一結婚就變得那麼兇——為了避免遭遇這種情形，最重要的便是看清他的本質，我們從下列重點來分析他的真面目。

工作——電話聽筒的握法

1. 握緊中段

這是踏實、勤勉型的人，雖然不會大成功，但是也不會有大挫敗，是這個世界上最多的上班族型。

2. 握著聽筒下方

上司會格外欣賞他，可能會發生例外的提拔，缺點是在財務方面很囉嗦，結婚會把荷包看得很緊。

3.把聽筒掛在肩上

適合從事大眾傳播方面的工作，在政府機關或銀行很難有出息。因為太活潑，婚後可能會有辦公室戀情，所以不要只重視他的外表。

4.左手握聽筒

多半是有野心的企業家，也確實會出人頭地，但是和表面的開朗相反，經常在背後為小事煩惱。另一個缺點是有怯場的毛病，膽子小了些。

酒的嗜好

喜歡喝國產啤酒的人個性溫和，比較缺乏個性及幽默。愛喝外國啤酒的人較神經質，孤僻傾向明顯，愛躲在自己的世界裏。

他不是從工作，而是從嗜好中發覺生存的的意欲，所以多半是公務員或小職員，頂多只會升為小主管級的職位。

愛喝烈酒的人交際範圍較廣，事業會成功。愛喝威士忌、白蘭地等洋酒的人，成功率及工作能力都比較馬虎。

ＳＥＸ——

●髮質

髮質很硬的人欲求度高，對於自己也充滿了信心，但是技巧差了些。捲毛的男孩非常細心，並無性能力強弱的問題，他會讓女性感到滿足。

直髮的他會吸引女孩子的注意，並不在他的性能力強弱，而是他能以技巧取勝。鬢髮多而低的男人較愛ＳＥＸ，精力充沛，但是喜愛變態的ＳＥＸ。

●手與手指的形狀

看男人的手與手指，手掌大的人可認為他的陰莖也大。

手掌厚而粗的男人善於製造氣氛，相反地，手掌薄而光滑的男人技巧不怎麼樣，而且陰莖也差了些。

手指短的男人比較靈巧，會找到女人喜歡的部位。手指長的人慣於以自我為中心，缺乏服務精神，整個手掌看來腫大的男人只是性趣濃厚，但真正的能力很差，又喜歡異常的性愛。

●車子的嗜好

喜歡大家都喜歡的高級外國豪華車，不幸在SEX方面的技巧不好，而且很黏人，喜歡戴銀框眼鏡，眼睛細長者較多。喜歡國產型經濟車者做愛時最無聊，缺乏新鮮味也威力不足。

偏好跑車的男人和車子一樣充滿威力，肌肉型的體質也會讓女性滿意。做愛時輕快明朗的是開客貨二用車的男性，他有好「東西」，但是絕不會炫耀，能夠讓自然地被取悅的男人。

●午餐的嗜好

中餐只吃客飯或快餐的男人不會關懷女孩，會很自私地要求性，沒有前戲，只是一個勁朝目標前進。

隨便的廉價麵食就可以填飽肚子的他，對於SEX很淡泊，缺乏持續力，個性也陰暗，和他做愛只有陰沈的感覺。

中餐喜歡吃得豐盛的男人持續力好，服務精神也不錯，但稍微缺乏趣味。

性　格——

●體型

表面看來身體強壯而可靠的男性，其實他的心靈十分脆弱，容易受他人意見影響，肌肉緊實的他如同運動家，但是到時候卻極易挫敗，這正是其缺點。較瘦的人不會服輸，對於弱者很溫柔，但心裏想說的話還是會說出來。

中等身材的人如其外表，即任何地方都極其平凡。

●對內褲的嗜好

喜歡穿一般化白色內褲的男性，優柔寡斷；愛穿有色短褲的他，則是自信滿滿的男性化男性，但是他有潔癖，如果妳紅杏出牆讓他知道了，他絕對不會饒妳。

有可愛花紋的短褲，象徵他溫柔的性情，但多半有戀母情結，婚後可能很辛苦。喜愛超短型三角褲的男性個性詼諧，是個很顧家的男性。

愛穿半長三角褲的男性易變心，心情不穩定。

⊙男性在床上時的心理分析

何種反應會給男性好感？

SEX並不是完事就好，因為，SEX等於是男女交往的最高潮，當然應該它更加充實。

初次做愛時會發抖最好

「男人期待對方是處女的意願仍然很強烈，不只是身體，最重要的是精神方面的處女性，所以，初次做愛時會發抖的女孩最迷人。」（26歲・職員）

「因為覺得她好可愛，所以才撫摸她的乳房和背部，但是，有很多女孩都認為這種舉動是理所當然的，像這樣的心理著實不好，女人也該有回報之心才是。」（28歲・職員）

「她在做愛時經常皺著眉露出痛苦的表情，看到她這種模樣，會覺得她楚楚可憐而更加愛她。」（26歲・職員）

發出快感的叫聲

「有時會遇到接吻或擁抱時全無反應的女孩，這種情形不如自慰算了。不過，也不要裝著發出聲音，過分了也會讓人覺得一定是色情書看多了有問題。」（28歲・職員）

男人也需要女人的愛撫

「不論我為她做什麼，她都會相對地為我做，譬如我親吻她的頸子和胸部，她也會跟著做，弄得我好興奮。」（22歲・學生）

「女人老是在做愛時想要接吻，大概就是男女的差別，我就不想接吻，因為隨時都可以吻，而做愛卻必須光著身子才行，所以我寧願專心做愛。」（24歲・服務業）

不要表現得很有經驗的樣子

「對我而言，ＳＥＸ是很神秘的世界，她的害羞反應或哀切的表情，都是我的新發現，但是，那種會樂得咯咯笑的女人就讓我不敢恭維了，會令人覺得她似乎經驗豐富，特別是女性主動時，更會令我氣餒。」（29歲・職員）

「男女當然是相愛才會做愛，可是，我希望在做愛時有明朗的情緒，氣氛也要明朗，最好能夠在明朗的地方看著她，因為ＳＥＸ也是一種運動，最重要的便是享受的心情。」（30歲・職員）

順從男人的引導

「讓年紀稍大的女人引導還可以，若是同齡的女性，太主動了就會令我覺得怪怪的，所以，我希望和我做愛的女人能順從我，這樣才能逐漸增加氣氛。此外，要求太多也不行，做愛時像是在研究什麼，那會有性愛的氣氛呢？」（20歲・學生）

⊙有關男性身體的問和答

了解男人應該從身體構造開始

男性的身體構造，特別是性器的構造要說出口來真有點難為情，但是因為很喜歡他，所以還是想了解，於是，我們在此列出了有關男性身體的問與答。

男性的身體很單純

問：早上醒來時陰莖會變硬，既然一點也不興奮，為何會這樣呢？

答：早晨因為膀胱裏有尿；由於尿的刺激會自然地傳達給勃起中樞，所以陰莖便反射性地變硬。

尿過以後自然會恢復，這種現象和年齡無關，嬰兒也一樣會晨舉。

這絕不是興奮的反應，所以，早上醒來看到晨舉現象時，千萬不要胡思亂想。

問：男女性器只是從外面看就不同，初次看到會感到很驚訝，能否請你告訴我其構造上的差異？

答：單純地說來，就是一個呈凸狀，一個呈凹形，一個是露出體外，一個是在體內的差別。

男性還在母親體內時，就有一個包著睪丸的陰囊袋子和陰莖，男性化即是由睪丸中分泌的荷爾蒙來控制，而陰囊則是女性的陰唇發達出來的。

問：從男性陰莖發射出來的精子有沒有正常與異常之別？

答：一CC精液中大約有一億個精子，這是一般健康男性的正常情形，若是身體有毛病的人，或是緊張壓力累積過多的人，有時會出現病態的精子，但這種精子往往尚未到達子宮即死亡，所以不會受精，大可放心。

問：男性排尿的方法與女性不同，而且可以輕易中止，何以射精時卻不能中止？

答：尿道瓣為隨意肌，由大腦控制，所以可經由意志力來中止排尿。

但是，控制射精的括約肌為一種脊髓反射，是屬於不隨意肌，並非由大腦控制，所以不能以意志力中止。

問：和他做愛時經常為他口交，他說吞下男性精液也沒有關係，這是真的嗎？

答：可以在陰道內活好幾天的精子，在到達胃以前就會被分解，同時，在胃裏還會遇到精子的強敵酸液，因為被溶化而死亡，所以對人體無害。

問：聽說精子積存過多會流鼻血，有這回事嗎？

答：這是毫無根據的說法，因為製造精液的睪丸在製造了可以射精五、六次份的二十CC精液後，就會自動停止生產精液，所以不用擔心。

問：男人過多性行為，會不會因為精子使用過量而以後不易讓女性懷孕？

答：男人一生當中所製造的精液量沒有一定，因為只要不夠了睪丸就會自動再製造，所以不會有缺乏的情形。

⊙男性下半身的解剖

宛如神話般伸縮自如的男性性器

我們說十人十色，每個人的長相都不同，當然男性的性器也不例外，雖然其基本構造並無不同。讓我們具體看看妳所愛的他的性器構造。

●**勃起時的大小**

男性性器的膨脹率平均為一・五倍，即平時八公分的男性，勃起時為十二公分。

●**陰莖的重量**——標準尺寸的人

○平時為五十公克。

○性交時為一百七十四公克。

為什麼性交時會增加三倍以上的重量？這是因為有一百二十四公克的血液湧入陰莖所致。

位。

●陰莖的硬度

將勃起時的陰莖硬度當做物體來測驗，然後，依照女性的滿足度來決定順

①如橡皮擦的硬度……硬度指數為80。
②如生橡膠的硬度……硬度指數為60。
③如魚漿的硬度………硬度指數為40。
④如扭乾的毛巾硬度……硬度指數為100。
⑤如嘴唇的硬度………硬度指數為20。

看來也不是愈硬愈好。

●快感度最佳的陰莖應具備六個條件

①龜頭部分比莖身大而翹起。
②莖身部分硬又富有彈性。
③色黑而看起來很強壯。
④整個看起來有躍動感。

⑤射精後仍保持著程度的硬度。

⑥勃起力很強。

●包皮愈來愈多

○真性包皮……3％

○假性包皮……27％

○中等露出……20％

○完全露出……50％

百分之三十的男性有包皮，而包皮會阻礙龜頭的成長，因而要早些治療。

他的傢伙有多大？

東方男性的陰莖平均長度為十四公分（勃起時），平常時候為六・五公分，但這是陰莖的成長期結束以後（二十三歲）的數值。如果妳的他還不到二十三歲，就還有成長的可能，所以即使他在標準以下也不用擔心。

不過，包皮會妨礙陰莖的成長，需要早期治療，務必要找專門醫生檢查。

⊙男性的初次體驗談

男性的初次體驗也是無數不自然的串聯

對男性而言，初體驗是非常重要的，但是那到底是什麼樣的體驗呢？
我們針對單身漢做了一份調查，請他們說出了初次體驗的心得。

造成初體驗的關鍵在女性對方？

告白1　「那是我高中快畢業時的事，對方是交往了二年的女孩子。我們已經進入接吻階段，只因為她說在我上大學以前不要進展到SEX，所以我們一直保持接吻關係，直到我考上了學校。為了這一天，我把打工存下來的錢全部提了出來，兩人一起到旅館去。因為我不想讓她知道自己是第一次，所以裝著很內行的樣子，結果反而是她比較上道，一下子就爬到我身上來了。」（21歲・學生）

告白2　「我的經驗來得比大家遲些，直到四年前我二十四歲時，我對於自己活了這麼大還沒有性經驗感到很煩，於是帶了一筆錢到特種營業區去……我的感覺是彷彿被脫光了就結束，事後覺得花那麼多錢真可惜，好後悔。不過，其後我對女人就有了信心，也會積極追女朋友，現在也有了滿意的女朋友。」（28歲・職員）

告白3　「那一刻根本不知道什麼是什麼，只是把牛仔褲和內衣脫到膝蓋，即以正常位SEX，感覺上似乎頭和下半身都充血，事後覺得有點不好意思……」（25歲・職員）

告白4　「初次看到女性性器時感到好怪異，瞬間彷彿所有的興奮都消失了。」（26歲・銀行職員）

告白5　「她的胸部、腹部到下半身全都柔軟又細嫩，這就是我初體驗的感覺。」（23歲・農業）

告白6　「對方是年長我二歲的職業婦女，所以從頭到尾都是由經驗豐富的她引導。她用溫柔的手領導著我，然後簡簡單單地結束了，當時那種滑滑的

感覺我至今還忘不了。」（22歲・學生）

告白7　「我的第一次體驗是到那種地方去，她為我口交時，大概是她的技巧太好，我忍不住就射精了，並不是射在女人體內而是在口中，所以我不知道能不能稱之為初體驗，但此外我再也沒有其他經驗。」（19歲・學生）

現在如何？聽了男性的初次體驗是不是覺得很可愛。但是，男人一旦有了經驗，就會變得非常傲慢，這是很奇怪的一點，似乎他們很快便忘了當初那顆純真的心。

初體驗資料

●失去童貞的年紀

根據五百名單身漢的問卷調查，在二十歲以前失去童貞的有二百三十四人，占全部的百分之四十七，大約二人當中有一人。十幾歲就有了性經驗，這算是太早或太晚呢？

●初體驗對象的年齡

女方年紀較大者有二百零八人，比率相當高。對初體驗回答感覺很好者，多半都是以年齡較長之女性為對象者。

●初體驗的發生地點

與在自己房裏相比較，在女方家中比數較高，這是不是因為對象多半是年紀比自己大的女性？說到戶外，會令人聯想到沙灘、山上、高原等，可是，其中有些人卻回答在大廈屋頂或廁所中。

●SEX的持續時間

一～五分鐘的回答占大半以上，回答完全記不得的有九十九人，顯然男人對於做愛的時間都記不清楚。

●看見女性性器的感想

如「非常興奮」、「覺得很不可思議」、「覺得好可愛好美」、「很複雜」、「很噁心」等，答案種類很多，其中以「原來是這樣」的答案最具代表性，究竟男人把女人的那個部位想像成什麼樣子呢？

⊙男人想結婚的症候群

23、26、29、32歲的男人會想結婚？

妳知道嗎？男人有個想結婚的發情期，在這個時期裏，只要配合得好，他馬上會被妳迷住，妳就可以在很風光的情況下結婚了。

不妨答應「結婚發情期」男性的求婚

有一種說法是男人在二十三歲至三十二歲之間，會有三年的週期想結婚。其原因是二十三歲時剛剛步入社會，對於婚姻有種憧憬，因為年紀輕，一旦戀愛了就會想要結婚；二十六歲是一般所謂的適齡期，在精神方面最穩定，如果四周的人一個接一個結婚了，當然會覺得自己好像跟不上他人；二十九歲是事業即將有成的時期，也是成為社會人以後較穩定的時期，所以，可能會急著成家；最後的三十二歲可說是最後的掙扎，這是青年與中年人的心理界限，也可說是戀愛結婚的最後機會。

二十三、二十六、二十九、三十二歲乃是男人的「結婚發情期」，想要結婚的意願十分高昂，最容易說出求婚的話，可是，輕易答應了又擔心會後悔，所以，我們必需研究一下這些想結婚的男性。

妳需用自己的眼睛觀察這位男性的言行，探究他是否真心想結婚，這是一位心理學家的意見，接著來看看這位心理學家所謂適合結婚的男性實例——

①自覺已是成功的社會人，因而在生活方面有結婚的意欲。

②從內心真正愛著一個女人，相信這個女人能使自己獲得最完美的幸福。男人心裏一旦有這種念頭，就會想要把女友介紹給家人認識，希望她見見自己的家人。

③男人為某女性之美貌所迷惑，為了避免她被其他同性搶走而結婚。像這樣的情形，男人一定會真心奉獻。

④敬佩某女的才華，認為她必定是自己人生中最佳的伴侶。

這時男人也想結婚，但是，會採取把決定權讓給女人的態度。

⑤因為憧憬家庭生活而尋找具有母性愛的女性求婚。

這種男人喜歡向女人撒嬌，什麼事都依靠女性，但是，這種男人有以自我為中心的一面，很容易形成婚姻的危機，所以，如果妳確定他只是為了自己方便才想結婚，就應該對他敬而遠之。不過，如果男人是真心對待妳，他就會事事以妳為主，讓妳擁有一個幸福的婚姻。

若是以上所分析的五種類型，妳不妨答應他的求婚。無論如何，最重要的還是妳要有眼光，才能看出他是否適合婚姻。

最好不要接近這五型的男人

●完美主義型

1.男人應該有野心。

2.ＳＥＸ要五次以上。

3.健康第一，不亂吃東西。

4.嗜好是繪畫和高爾夫球。

5.腰帶一定使用名牌，鞋子是義大利進口的，修長的腿上裹著直而挺的長褲。

●戀母情結型

1.矮個子的他，適合深藍色的西裝。

2.SEX就交給妳啦！

3.咦，誰替我刷刷鞋子？

4.我是真心又誠懇的。

5.嗜好是音響、漢堡、快餐。

●SEX自私型

1.愛打扮。

2.皮膚細白，可是油膩膩的臉上總是掛著幾根頭髮。

3.義大利式外套加運動長褲。

4.喜愛新潮雜誌和熱狗。

5.愛看書。
6.SEX只要自己滿足就好。

●花花公子型

1.喜歡吃牛排。
2.愛穿名牌毛衣。
3.白色長褲下面是布鞋。
4.提倡自由無拘束的愛情。
5.修長的身材會刺激女性的母性，SEX技巧也比常人高明。

●高攀財富型

1.結婚是為了事業，如果可能，一定找女老闆或女經理。
2.在家裏隨便吃，可是出外一定吃法國料理。
3.人生就是錢、錢、錢。
4.任何運動都玩玩，SEX很黏人。
5.穿著名牌長褲。

⊙單身男性隱藏在心裏的慾望

男人心裏究竟在想些什麼？

單身的男人心裏到底有什麼樣的慾望呢？約會的時候，他們總是一副紳士模樣，他們內心的想法卻無從知曉，我們來看看單身漢內心的話。

以結婚為目的交往最累人

交往中的他不知對婚姻有何看法——對女性而言，這正是最不安的問題。在接受調查的五百名男性當中，回答有女朋友的是三百三十四人，問要不要結婚時，則因年齡而有不同的答案。

在二十一歲以前，回答「是」的人占三十四・三％，二十二至二十五歲四十四・四％，二十六歲以上的比例就多了，是六十一・一％，彷彿隨著年齡愈大，男人愈有結婚的意願。

你認為新的女朋友應該在第幾次約會就可以進行SEX？

第一次	188人
第二次	60人
第三次	95人
第四次	38人
第五次	73人
第六次	25人
其他	21人

約會時是否會發生性關係呢？對於「第幾次約會會想要和對方做愛？」這個問題，答覆情形如上表，大約第三至五次為危險期。

除了女朋友外，是否還需要單純的性伴侶？結果二十一歲的男性有百分之九十回答「需要」，二十二～二十五歲有八〇・五％，二十六歲以上已大致成熟，給予肯定答覆都仍多達七十六・五％。

看來男人真不能讓人放心，他們的內心與外表完全不同。

單身漢的性慾

男人對於性的慾望經常是深刻而複雜的，個人差也很大。

問「一週有幾次自慰行為？」結果是二十歲前最多，五次的占三十五％，八次以上的是三十二％，平均每天一次。

我愛你	144人
呻吟	12人
我會死掉	66人
你實在太棒了	49人
啊，我去了	42人
再用力一點	27人
其他	51人

希望女性在性交時說什麼話？

二十二至二十五歲的三次占三十五％，二次占三十三％，七次的占二十五％。二十六歲以上屬二次者最多，占三十六％，五次是三十％，七次以上者占二十三％。

接下來的問題是：「對象是不是處女最好？」回答「是」的男性依年齡別來看，二十一歲以前占六〇・五％，二十二至二十五歲是五十七・五％，二十六歲以上卻是八十七・五％，顯然年紀愈大崇拜處女的人愈多。

既然男人都希望自己的妻子是純潔的處女，那麼，男人婚後是否還想交女朋友呢？這個問題的答案，回答「ＹＥＳ」的人最多。

問「做愛時是否希望女人發出聲音」，回答「是」，在五百人當中有四百七十八人，問他們希望女人說什麼，其答案如右表。

最後，「在ＳＥＸ時最希望女性做的事」一項問題中，最多的答覆是「口交」，其次是SM，另外有少數回答「肛交」。

妳會允諾男人實現這些願望嗎？

以女性的立場來說，會覺得男人的願望根本就是以自我為本位的任性。

對於男性慾望有深入研究的心理學家說過：

「只要是人，不論男女都會有慾望，想要做這個又想要那樣做的。其實每個人都想像嬰兒一樣，直接把自己的慾望表現出來，但是，我們從小就被教育一定要把慾望抑制下來，因而形成懂得抑制這些慾望的人格。可是，有時我們以為已經把自己的慾望抑制下來了，往往卻以非語言的方式將訊息送給對方，譬如出現在服裝、態度上等。

沒有一個男人心中沒有慾望，只因為他們抑制了這種慾望，所以和女性約會時才會心跳不已，產生期待等戀愛的感覺，是故，女性應該有心去允許男性實現他們的願望。

現在，妳是否更了解男性的心理了。

第三章

女性的身心與性愛

⊙女性的身體①——各部分的女性身體魅力學

女性也該多多了解自己的身體

從浴缸裏出來，便對著大鏡子觀看自己全身——相信多數女性都有這種經驗。說也奇怪，妳會覺得女人的身體確實非常美，現在，就讓我們來探討讓女性痴迷的女體魅力。

女性的成熟會出現在那兒？

很不可思議的，女性在孩提時代就像男孩一樣，身材看來又瘦又板，但隨著年紀的增長，就會逐漸帶有一些圓潤而愈來愈美。

現在請仔細看看妳自己的全身，從各種角度來看看身體的表情，妳會發現，過去一直不注意的部位，已變成最令男人受不了的迷人重點。無論如何，當妳發現他的視線總是停留在下面要介紹的六個性感重點時，妳必定已經是個成熟的女人了，而且愈多人盯著妳瞧，妳會愈美麗。

讓胸部變得更美麗

胸部最是令男性視線集中的部位，也是男性本能所憧憬的部位。為了使妳的乳房更性感更具有魅力，最好的方法就是讓他以雙手或輕或重地愛撫。

①用力握或有節奏地振動。
②用手指夾住乳頭，以手心畫圓圈。
③以手指捏或拉扯乳頭。
④用嘴唇舔乳頭，或是以舌尖去舔。
⑤用前齒輕咬乳頭，或是用點力咬。
⑥將整個乳頭含口中吸吮。

●背　後

女人的肩膀、背部和男人的男子氣概相形之下，充滿了柔和的表情。

●胸　部

胸部要從前後左右觀察其形狀與彈性一直到腋下。

●臀　部

圓潤、多肉而富有彈性的臀部，是成熟女人味的象徵。

●頸　部

從耳朵的形狀一直到頸部，上至髮際也都很迷人。

●腳和腳踝

修長的腿和腳踝，能使女人看來更性感。

應懂得有關女性器的正確知識

隨著年齡的增長，女性的身體會愈來愈成熟，當然，性器也是和身體同時發育成熟。

陰道和子宮都會隨著身體發育，但陰道的尺寸會因為他的尺寸大小而變化，大致說來，陰道口的寬度在處女時為二・五公分，深度是六・五～八・二

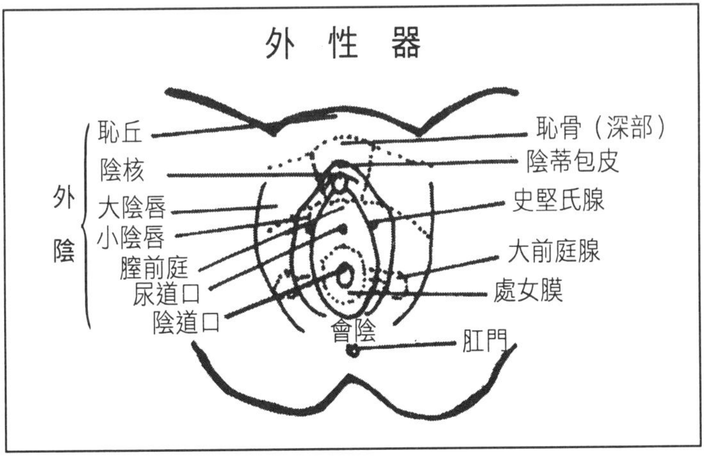

公分，方向和水平線對比，有正負十五度差，褶高平均為〇・一五公分。

東方人的陰蒂長度平均為〇・七八～〇・八四，寬是〇・七六～〇・八二公分，但美國的黑人女性有百分之二十都有三公分長的陰蒂。

小陰唇是女性器當中個人差最大的部位，長為五～六公分，寬為〇・五～一・八公分，厚度為〇・〇八～〇・一二公分，以上都是平均值。

整個性器的光澤是較深的鮭魚紅，但是，最理想的還是桃花心木（紅黑色）與巧克力的中間色。

在一興奮就會各種變化的性器當中，

女性的下半身很複雜！

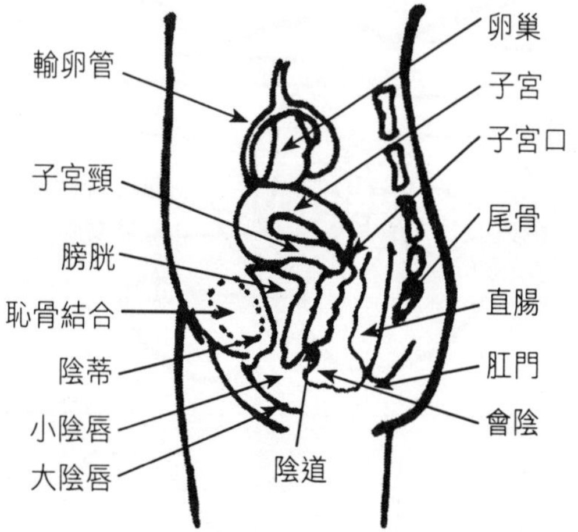

溫度會改變的只有陰道。陰道的平均溫度是攝氏三十七・三～三十七・八度，興奮時會高達三十八・五度。

常有人說，陰道的位置有高有低，並認為位置較高的較好。

這兒所謂的位置高，主要是指從陰道下方到肛門的距離較長，較短則是位置低，而這個部位就叫做會陰，平均長度為三公分。

不過，男性最介意的部分還是處女膜。處女膜的厚度從〇・一～〇・二厘米，非常薄，所以很容易就破掉，有時只要做激烈的運動也

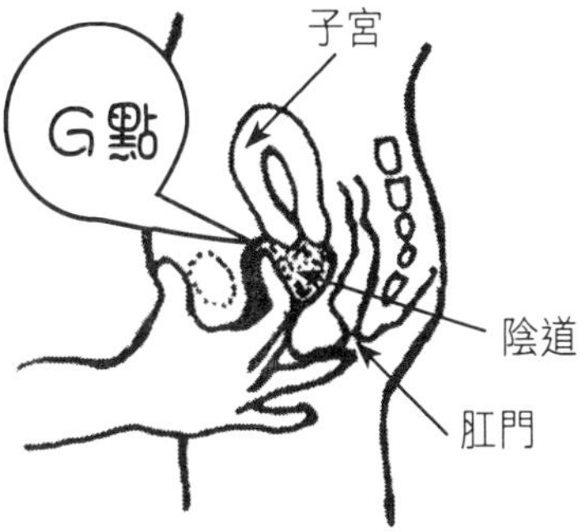

G點是在陰道入口，沿著陰道前壁將食指放入約三～五公分，就會碰到的大突起。

會破裂，或者跳爵士舞的人，可說百分之百都破裂了。

一次性行為所分泌的愛液量，大約是二・五～五ＣＣ，若是最容易達到高潮的三十四～三十五歲的「熟女」，往往愛液量會多達五～十ＣＣ。換句話說，女人的感受會隨著年齡的增長愈來愈好，這一點愛液量的增減即是最佳證明。

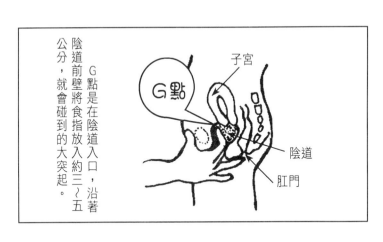

最後是陰毛。黑長面積最大是一四〇平方公分，最窄的只有二十一平方公分，平均為八十六平方公分。一平方公分大約有四十五根毛，長度平均為六～七公分。

至於陰毛的特徵，捲毛占百分之五十二，直毛為百分之四十八。捲毛以性經驗愈多愈

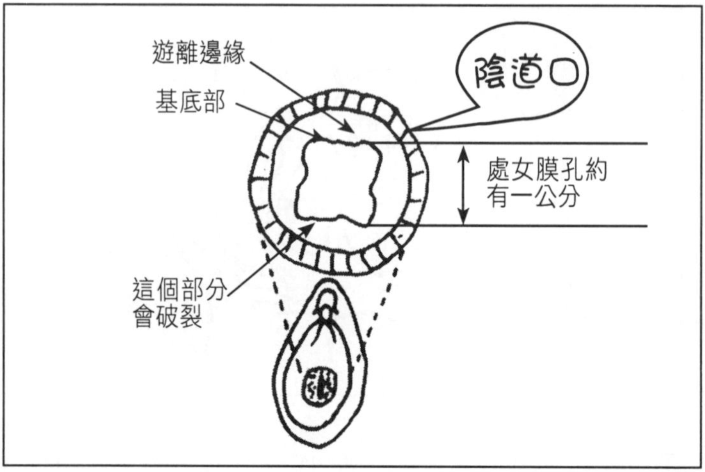

捲，年紀愈大也愈捲。陰毛成長的最盛期大約是四十歲，由女性荷爾蒙所控制，是以眉毛、腋毛較多的人陰毛必定也較濃。

以上所述都是平均數，是以多一些或少一些都不是異常，大可放心。

何謂處女膜？

手指放入陰道至第二關節，就會碰到厚度約〇．一～〇．二厘米厚的小皺褶，這便是神秘的處女膜，它原本就有一個小開口，大約手指粗細的東西可以輕鬆出入。

一旦有陰莖插入，處女膜會因為缺乏彈性而破裂，在經過幾次生產後，處女膜就會完全消失。

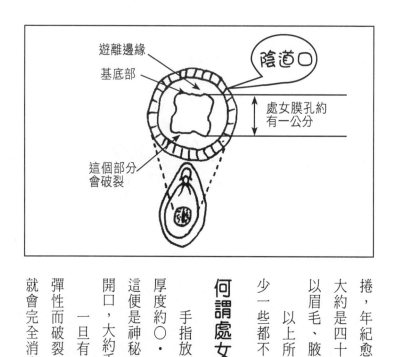

⊙女性的身體②——懷孕及其辨定法

有關女性的天職——懷孕的種種

伴隨著性愛的喜悅而來的，便是懷孕的問題。如果妳沒有準備要育兒，懷孕就會變成非常嚴重的問題，所以妳一定要在事前多做考慮，這是對自己負責應有的態度。

懷孕初期的症狀

月經沒有如期到來便是懷孕的最主要徵兆，普通人是遲了一週，月經不順的人是二週，即該懷疑可能懷孕了。

一般人的懷孕症狀，是較月經預定日期遲一週，乳房便開始變硬而發脹，它會發熱，然後開始孕吐，到了第三週尿的次數會增加，這便是初期的情形。

或謂有容易懷孕或不容易懷孕的體位，其實，並沒有什麼特別容易懷孕的體位。

從排卵到下次月經的前十二至十六天的五天內（排卵期間），正是最容易懷孕的時期，但是，也不要認為這段時期以外的時間都不會懷孕，為了避免懷孕，妳一定要做好萬全的準備，換言之，重點在兩人務必要協力避孕。

懷孕的初期症狀如前所述，自己有沒有懷孕，通常會在日常生活中出現於身體上。

首先，進食的嗜好會改變，過去都能吃的東西會吃不下去，或者愛吃過去很少吃的酸東西，或是食慾劇增等。

反胃和噁心都是症狀之一，這便是所謂的孕吐。到了懷孕第八週，已經長大的子宮會壓迫膀胱和直腸，所以老是想上廁所，也比較容易便秘。

另外還有一些極易從外表看出來的變化，諸如乳頭、陰部發黑，或眼下有黑圈，整個人的皮膚變黑，黑斑、雀斑很明顯，皮膚質感較粗糙等，容易掉頭髮，手腳開始浮腫，對於氣味十分敏感，很難上床等變化都要充分注意。

胸部或下腹部開始發脹、發熱，胸部特別是乳房，會變得萬分敏感。

整個身體會有點微燒，身子很癢而頭有沈重感，很容易被誤以為是感冒，但如果已發現月經較遲了，就千萬不要亂服感冒藥。

此外，精神方面也會出現變化。因為荷爾蒙失去平衡，會影響到自律神經，所以容易顯得焦躁，有時還會出現歇斯底里，缺乏集中力，這些也都是症狀。

身體的變化會出現在很多地方，如果妳出現了上述幾個症狀，很可能是真的懷孕了，最好趁早去醫院檢查。

懷孕判定

一旦懷疑是否懷孕了，就要趁早到檢驗所去做尿液檢查。

女性在懷孕之後，體內就會形成絨毛性的性腺刺激荷爾蒙（HCG），這個荷爾蒙一旦出現於尿液中時，我們就可以用藥液檢查出來。

檢查的方法只是在試藥及試液中加入二、三滴尿，只要放置二個小時，試液變成茶褐色環便是懷孕了。

⊙為何女人有了性經驗後身體會發生變化

最近她怎麼愈來愈漂亮了

有性經驗的女性會變美，這是真的嗎？為什麼沒有性經驗就會阻礙女人變美呢？讓我們從醫學的觀點來探討這個問題。

為何沒有性經驗的女性身體較像男人

近年來性早熟的傾向已愈來愈明顯，實際上醫學界也已證明這一點。譬如初潮年齡的漸次降低，便是最佳證明。以前，女性初潮的平均年齡是十四～十五歲，現在，九～十歲者占十％，十～十二歲者占六〇％強，似乎東方女性也已經跟上西方女性的水準了。

可是，和初潮來臨的年紀相反，身體成熟了，心智依然未成熟的人都愈來愈多。

這表示身體與精神的發育不平衡，胸部等外性器都已經充分發育，看來很有女性樣，可是態度與動作卻一點也不女性化，是以有沒有性經驗就有很大的關係。

生理充分發育了，依然不能說是真正成熟的女性，往往必須有性經驗以後，才會有女人味。

「外表看的確是個女人的模樣，可是，有些女孩根本沒有女人的味道，她們可能認為自己已經成熟，可惜在男人眼中看來，她們仍然是個小孩，我以為真正的女人味要在有性經驗後才會顯現出來。」（31歲・攝影師）

性經驗能使女性身心都變得圓潤

男性要看女人是否成熟的方法，首先是看她的身體是否圓潤。

女性的身體會顯得豐腴、圓潤，乃是女性荷爾蒙的功勞，使胸部、腰部、上臂、大腿等部位出現皮下脂肪，而這種女性荷爾蒙的活潑化，受ＳＥＸ的影響很大。

其次，精神層面的影響也不容易忽視，心理上有被愛的感覺，能使一個人的精神趨於穩定，在心理上有充實感，所以，自古以來人們就認為戀愛中的女人最美。當然，真正的美乃是內在之美，但有了性經驗，的確會使女人更加美麗。

「我和他結婚以後，四周的人都說我變得更漂亮了，起初我以為是他們的錯覺，但好像真是如此。」（25歲・美容師）

醫學方面也證實了這樣的說法，一位醫生如是說：

「進入陰道中的精液，雖然蛋白質量不多，可是被女性身體吸收以後，就會在血液中形成精液抗體，它能使卵巢的功能活潑，而卵巢分泌出來的女性荷爾蒙，正是能使皮膚更美麗的原因。」

卵巢分泌的荷爾蒙，有卵胞荷爾蒙和黃體荷爾蒙二種，這些荷爾蒙都能使皮膚更美麗，增加皮下脂肪，使身體各部分都帶一些圓潤。

如此這般，不論是在生理或精神方面，性經驗都具有能使女性更美麗的要素，亦即在身體圓潤的同時，心也會變得充裕，並逐漸出現真正的女人味。

⊙性學雜記・SEX資料總匯

原來性學也有如此驚人史料

這兒收集了一些關於人「性」的精彩資料。包括高齡生產紀錄、愛液種類、勃起時的陰莖、世界紀錄等，妳會覺得這個世界真是無奇不有。

高齡、最低齡的生產世界記錄

只要有月經，女性都有懷孕的機會，但是，大多數女性到了五十多歲，就會停經進入更年期了。

住在美國的露絲・阿利斯・吉斯特拉女士，到了五十七歲還生小孩，這個年紀已是應該抱孫子的年紀，想來女性的生命力著實偉大。

以五十七歲的最高齡還生兒育女，確實是厲害的人物。不過，如果妳知道低齡生育的記錄更會感到驚訝。一個住在秘魯的五歲女孩莉娜・梅泰納，當時還是個讀幼稚園的孩子，但是她三歲就已經有月經，所以她在五歲生小孩不會是假的。此外，也有九歲生育或十四歲做父親的例子。

高潮可以持續三十分鐘

一次性行為的高潮，頂多是五～六秒鐘，也許妳會認為這個時間好短，可是與男性比較，時間還算很長，有趣的是，現在已有人知道以訓練的方式，讓高潮持續三十分鐘。

事實上，美國的舊金山就有一個專門訓練高潮持續力的中心。

女性也會夢遺

如果妳認為夢遺完全是男人的專利，那就大錯特錯了。雖然不會像男人射精的情形，但是，女人在睡眠中達到高潮，也會分泌大量愛液，只因為量不如精液那麼多，所以不會留下明顯的證據。

據了解，有夢遺經驗的女性大約有百分之二十一，但因為沒有證據，所以沒有感覺的例子較多，其實，雖然不及男性的百分之八十一那麼多，但按照推測也很接近，那麼，妳是否也有這種經驗呢？

女性的愛液有六種

女性愛液愈多愈好，這是因為ＳＥＸ時愛液有潤滑作用，十分重要。

現在將愛液的種類，依分泌的順序列出來，首先是陰道內容物（〇・五～〇・七ＣＣ），有些有強烈的殺菌力。其次是陰道液（十～一百ＣＣ），這是量最多的液體，女性受到性的刺激都會分泌出來。

再來是史堅氏腺液（〇・二～〇・三ＣＣ），由尿道口左右側的史堅氏腺分泌出來。然後是大前庭腺液（〇・二～〇・五ＣＣ），從陰道口下方的前庭腺分泌出來，雖然量不多，但還是存在。

在到達高潮前分泌出來的是子宮頸管黏液（〇・三～〇・五ＣＣ），具有幫助精子通過的作用。除此之外，還有一種具有黏性的液體，由最近常說的Ｇ點分泌出來，有二～三ＣＣ。

另外，從尿道口分泌出來的液體，大約有十～一百ＣＣ。

勃起時的陰莖有幾公分？

根據美國羅勃特・查桑博士的調查，勃起時的陰莖長度以西德的二十一・五公分為世界第一，其次是丹麥人的二十公分，第三名是英國人十九・五公分，看來宛如龐然巨物的黑人只有十九公分，位居第五。至於東方人，順位不明，但平均長度為十二公分。

陰莖粗細的世界紀錄

勃起時的陰莖長度是以歐美男性居高位，但粗細則以非洲人的平均數最大，為五・四公分，不過，實際上世界的最高記錄是蘇丹人的八・四公分。

其次是北美人的四・六公分，歐洲人的三・八公分，亞洲人的三・二公分隨其後，但東方人有一特色，就是東西雖小而硬度夠。

⊙男人與女人的SEX俗說

鼻子大的男人真的傢伙也大嗎？

聽說性經驗豐富的男人，陰莖的顏色就會變黑？或處女膜破裂一定會出血嗎？不要為這些俗說而煩惱，現在讓我們把事實告訴妳。

問：聽說腳踝結實的女孩那個地方的收縮力也會很好，是真的嗎？

答：真的。那個地方的收縮情形好，就是肛門的括約肌收縮好，而這個肌肉的收縮力，是依下半身的收縮力而定，因為腳踝細瘦而結實的女孩下半身肌肉都很結實，所以才有這種說法。同時，腳踝細的女性已證明感度比較好。

問：聽說生理期間做愛不會懷孕，是真的嗎？

答：假的。一般精子生存的時間為三天，但也有一些人的精子可以活十天，這如何證明生理期間也會懷孕呢？原來根據狄野氏的說法，女性的排卵日是在下次月經的前十二至十六天，但如果你的生理週期是二十五天，而排卵期是月經來的那一天算起約十至十四天以後，假定精子可以活十天，你在月經來了第二天有性行為，精子即等於能活到排卵期，如此即十分可能懷孕。

其次，如果妳的月經不順，更加不能相信生理期間行房不會懷孕的說法，因為普通人所謂的安全期，很可能正是你的受孕期。

問：「妳的生理期快到了吧？如果妳想做愛，我隨時可以奉陪！」一個青梅竹馬的壞朋友曾經向我這麼說。是不是女性在生理期之前都會有性慾呢？

答：這只是某種程度的事實。我們曾經針對生理期前為何有明顯性慾這個問題做過調查，結果發現給予肯定答覆的人很多。其原因是——

①生理期情緒較不穩定，為了消除這種不穩定就會想要ＳＥＸ。

②愈接近生理期，體溫就會上升，這種高溫會使人心裏產生不適感。

③生理期前陰道內會有刺激感，有些女性有這種情形，這一點就會引起性衝動。說起來並不是有性慾，而是渴望精神穩定的說法較正確。

問：有人說男人的鼻子陰莖也大，是真的嗎？

答：這是完全沒有根據的說法。的確自古以來就有此一說，或許大嘴的女人陰道比較鬆，但實情絕非如此，事實上就有人鼻子很高且鼻翼很大，但是卻為了陰莖太小而煩惱不已。

問：喝下男人的精液對美容與健康有益，是這樣嗎？

答：男性的精液中的確含有可稱為營養的物質，如蛋白質、檸檬酸、鈣、維他命B_1、果糖等，算都算不完，但是含量都很少，所以不見得有多營養。

問：聽說性器不用會愈來愈小？

答：的確，但也不是絕對的，只是有人曾經做過這一類的實驗，證實的確會有影響。

問：吸菸的男性，特別是吸大量香菸的人，性愛較缺乏持續力，真的嗎？

答：是真的。香菸裏所含的尼古丁會使血管收縮，因而減少流入陰莖內的血液約二成，是以勃起情況會差些，持續力也比較差。因為性器的勃起，是陰莖內的血液量增加所致，所以這可說是當然的結果。

無論如何，請勿相信一些道聽塗說的俗說。

⊙SEX老化度測驗

妳的身心各方面是否已有性的老化現象

「性老化」——妳是否會對這種說法感到疑惑。其實這種現象的確存在。在以下的測驗中，只要妳認為是對的或有相似情形就圈起來，不對的就畫×。

成熟度

問1 以心理學的立場而言，女性對於性的羞恥感，也就是女性有潔癖的表現？

舉個例子來說，過去讓他看到裸體妳會感到很不好意思，還會要求他把燈關了，很容易難為情，也不願意在太亮的地方做愛，但現在已沒有這種問題。妳的答案答是「○」或「×」？（以下情形相同）

問2　早先在性行為中根本沒有心情想其他的事。——根據性醫學的報告，男女在性行為中的意識，只有平時的百分之二十以下。

原因是隨著性興奮度的上升，血液會集中在下半身，腦子就變輕了。

如此說來，妳是否覺得最近在性行為中，心裏還老是會想著：「晚上要到什麼地方吃飯？」或「不知道明天會不會放晴？」等。

問3　以前男人盯著妳的胸部或臀部瞧時，妳都會覺得他們好下流，但最近已經將被盯著瞧視為一種快感？

問4　初次做愛是從接吻開始，並且很多時間前戲，最後才結合，並認為這是最美好的情形。

但是，最近會覺得接吻很麻煩，就是乾脆直接對他表白：我不要接吻了。

問5　最近總覺得他射精後便完事了，和他談話也不大熱衷，以前如果他對我這般冷淡，我一定會感到寂寞，想要靠著他撒一會兒嬌，但現在的情形卻吸菸已變成習慣。

體驗度

問6　男人接受性刺激的條件包括視覺、觸覺、聽覺及嗅覺，所以我總是將之計算好，一旦知道今晚可能好合，就會為自己噴些香水。

問7　早先和他做愛時，都會讓自己相信這是兩人相愛的自然結果。但最近覺得有沒有這種藉口也無所謂了。

問8　以前接吻時總認為一定要吸吮他的舌頭，但現在覺得只要讓他吸我的舌頭就行了。

問9　時而會自己主動要做愛。

問10　原本不覺得各種體位變化如何，但最近會以疲倦為藉口拒絕，即使只是很普通的性行為也會覺得好累。

問11　以前有快感時身體會弓起來，但最近唯一的感覺就是希望他趕快結束。

問12　最近在高潮時也無法發出聲音來，在行為中更是閉口不說話了。

問13 認為自己的性經驗還不錯，但後來不曾有過欲仙欲死的美妙感覺。

問14 對於他那種自己滿足就好的性行為，我已不再感到生氣，而只是覺得應該結束和他的關係了。

問15 看到一對男女踽躅而行，認為他們兩人一定會到旅館去。

問16 現在當他為了裝保險套而中斷行為時，我都會感到焦躁。

問17 對於一般方式的性已不再滿意，有時會希望他舔我的肛門。

問18 他的前戲太久了，會積極地要求他快點插入。

問19 對他在行為中「談情說愛」的形式感到厭煩，而且會明顯地表現在態度上。

問20 很介意自己與其他女性的不同，SEX以後會問他：「你覺得我如何？」

問21 和他做愛之後，回到自己的公寓裏還需要自慰。

問22 本來如果他為我口交，我也會相對地為他口交，但最近都是我為他做。

高潮的恍惚度

問23 因為愛液量少，插入時會很痛，所以最近愈來愈怕做愛。

問24 因為沒有和他人比較過，所以也不知道自己的性器形狀如何，但是會覺得小陰唇的形狀左右不平衡。

問25 覺得自己的性經驗愈來愈豐富了，以前整個性器都是粉紅色，但現在已變成暗紅色了。

問26 做愛以前都要上廁所，但往往在插入時又想上廁所，有時會忍不住中斷行為去上廁所。

問27 知道只要深愛著對方，女性荷爾蒙的分泌就會大增，會出汗或刺激淚腺而流淚，同時愛液量也增多，早先確實如此，有時會濕得連自己也感到難為情，但最近愛液量顯然少了很多，原因是對SEX的感動已降低了。

問28 不知為何男人很介意女人的陰道收縮力，以前我從不介意，但最近已有點擔心，也覺得自己的性器好像鬆掉了，是以經常做雜誌裏推介的肛門、陰道收縮體操。

問29　起初根本不知道什麼是欲求不滿，但現在好像已經能感覺到了。妳認為不滿的是男人居多嗎？

計分

〈問1～9〉回答○者各以一分計算。
〈問10～22〉回答○者各以二分計算。
〈問23～29〉回答○者各以三分計算。

將結果計算出來。總分有三十五分者，就表示妳已有性老化現象，老化到這種境地會被男性完全唾棄，妳需要重新再創魅力了。

25～34分者，表示妳對於性已有倦意，特別是技巧部分，需要重新研究。

15～24分者，表示你在性方面的魅力仍然相當普遍。

14分以下者便不用擔心，妳對於ＳＥＸ的感性依然很好，尚無老化跡象，可說是魅力充分的女性，希望妳能永遠保持這種魅力。

⊙創造迷人胴體及感度的健康講座

美麗的胴體是讓愛情燃燒的第一步

美麗的胴體是迷惑男性最大的焦點，但只是修長並不迷人，美麗身體的條件是「圓潤與線條」的調和，只需身體線條美麗而圓潤，自己就具有清新、惑人的魅力，所以妳必需為此努力，只要妳學會了本文所介紹的性感強化法，也就沒有問題了。

不戴胸罩及低跟鞋都是忌諱

女性的胸部是性感的象徵，如果想要誇耀它，不戴胸罩是最好，但是，不戴胸罩一年卻能使胸部下垂二公分。而且，胸部還會向兩側分開，破壞形狀，因此，為保持美麗的胸部，妳一定要戴胸罩。

無跟的鞋子不可能造就美麗的胸圍，應該養成穿著高跟鞋走得很迷人的習慣，這樣胸部也會更高更大，雙腿的曲線也會更美麗、修長。

性感的化妝法

一般的化妝只要添加一些變化，就可以創出新的魅力。

首先要製造明亮而富有光澤的表情，所以平時就要養成按摩的習慣，別忘了把汗毛及多餘的眉毛除去，眼影及腮紅少塗，唇膏也不要選太艷麗的色彩，整體以淡妝為宜。

濃妝只會降低妳的氣質，所以要注意避免。

敏感的身體是吸引男性的最大武器

好不容易終於擁有了令男性覺得性感的胴體，但如果妳毫無快感也是不幸，在此介紹能使妳更有快感的方法。

如果妳只是像布偶一樣躺在床上，當然不可能擁有如火般的ＳＥＸ，甚至可能使得妳和他之間變得很冷，為了預防這種情形發生，妳必須先對自己的身體有信心，因為女性本來就是從頭頂到腳尖都是快感帶。

首先，妳要使自己的下半身更柔軟，因為下半身柔軟不但能使妳擁有更好的快感，也能幫助妳成為一個性功能更好的女人，如此一來，他當然是每天纏著妳。

靠自慰了解自己的快感帶

要享受SEX，妳必須先了解自己的快感帶，而最適當的途徑便是自慰。提到自慰，諸如罪惡感、道德意識等都已成為過去式，事實上，懂得自慰的技巧以後，妳就一定能擁有幸福的性生活。

但自慰也分階段，初入門的人只要將雙腿貼緊摩擦即可。然後才用手，對自己的身體各部分進行刺激，最後是愛撫性器，甚而將手指插入陰道內。

會使他頻於來訪的性感體操

美化身體的線條

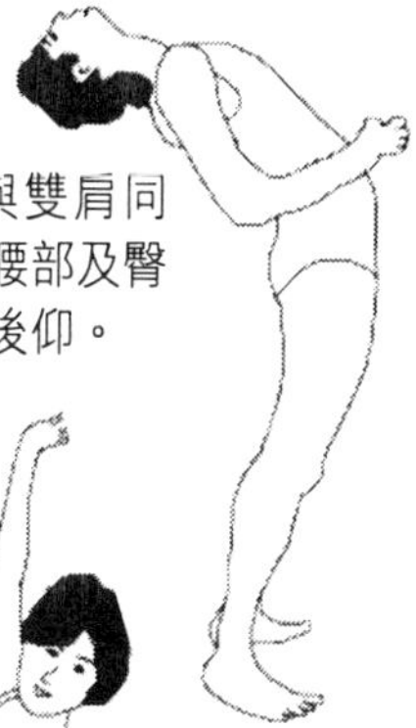

▶①將雙腿分開至與雙肩同寬，然後用毛巾拉扯腰部及臀部，將頭部及上身向後仰。

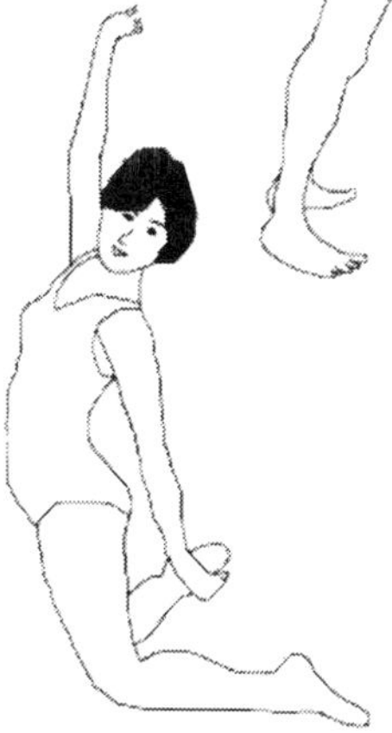

▶②要看著自己的腳尖抓著腳踝，另一手向上伸直。

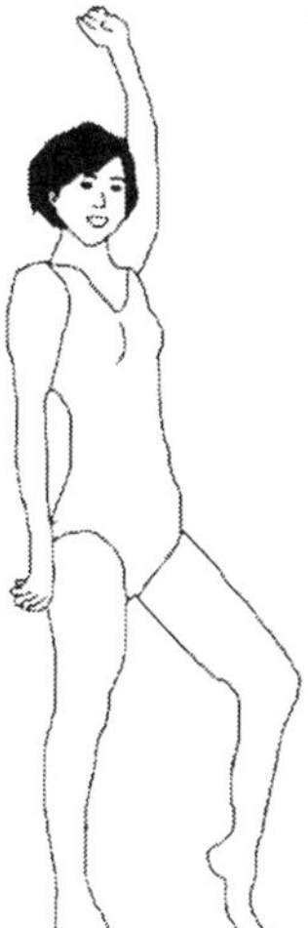

◀③一手向上舉，腰部向另一邊扭，將內腿伸直左右各做20次。

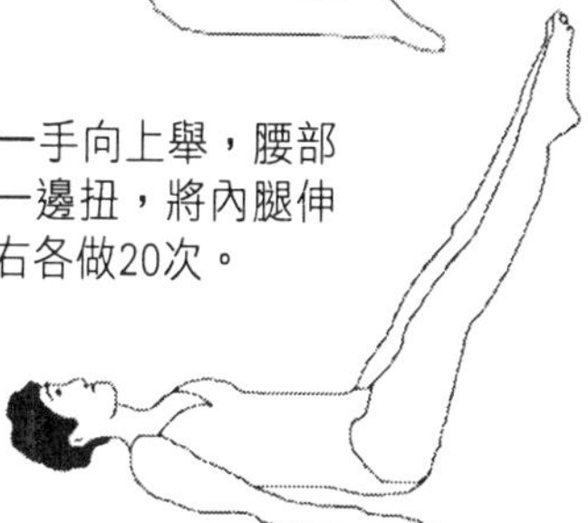

▲④一面吸氣一面從腳尖將腿向上舉，保持高舉45度角。

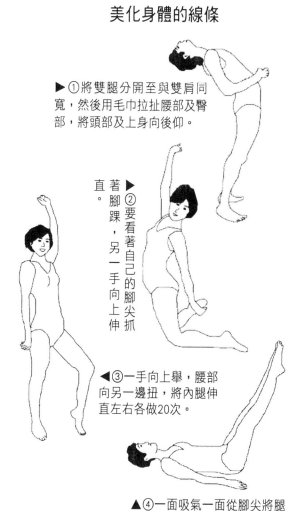

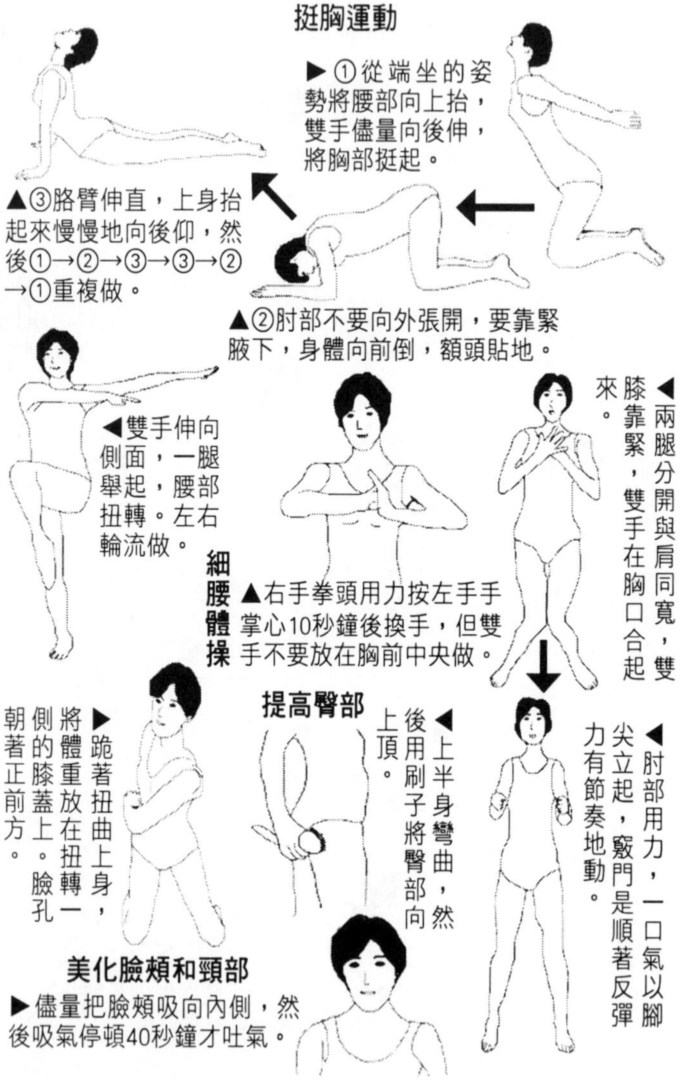
挺胸運動
▶①從端坐的姿勢將腰部向上抬，雙手儘量向後伸，將胸部挺起。
▲②肘部不要向外張開，要靠緊腋下，身體向前倒，額頭貼地。
▲③胳臂伸直，上身抬起來慢慢地向後仰，然後①→②→③→③→②→①重複做。
細腰體操
◀兩腿分開與肩同寬，雙膝靠緊，雙手在胸口合起來。
▲右手拳頭用力按左手手掌心10秒鐘後換手，但雙手不要放在胸前中央做。
◀雙手伸向側面，一腿舉起，腰部扭轉。左右輪流做。
◀肘部用力，一口氣以腳尖立起，竅門是順著反彈力有節奏地動。
提高臀部
◀上半身彎曲，然後用刷子將臀部向上頂。
▶跪著扭曲上身，將體重放在扭轉一側的膝蓋上。臉孔朝著正前方。
美化臉頰和頸部
▶儘量把臉頰吸向內側，然後吸氣停頓40秒鐘才吐氣。

能增加性感並成為可獲性快感女性的體操

下半身的柔軟體操

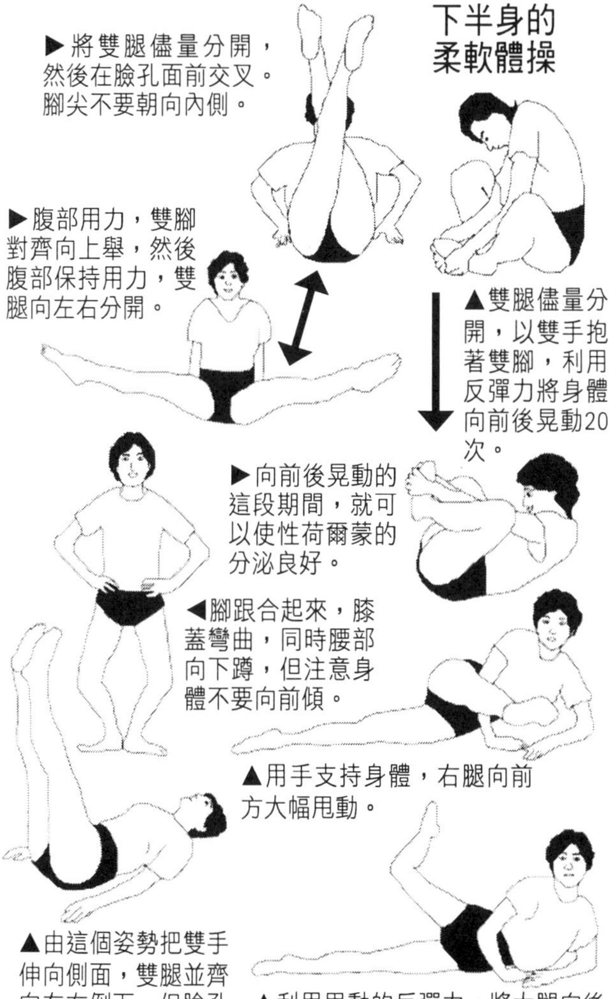

▲雙腿儘量分開，以雙手抱著雙腳，利用反彈力將身體向前後晃動20次。

▶將雙腿儘量分開，然後在臉孔面前交叉。腳尖不要朝向內側。

▶腹部用力，雙腳對齊向上舉，然後腹部保持用力，雙腿向左右分開。

▶向前後晃動的這段期間，就可以使性荷爾蒙的分泌良好。

◀腳跟合起來，膝蓋彎曲，同時腰部向下蹲，但注意身體不要向前傾。

▲用手支持身體，右腿向前方大幅甩動。

▲由這個姿勢把雙手伸向側面，雙腿並齊向左右倒下，但臉孔要保持向上看。

▲利用甩動的反彈力，將大腿向後上方甩動。左右腳以相同的要領做。

增進陰道的機能

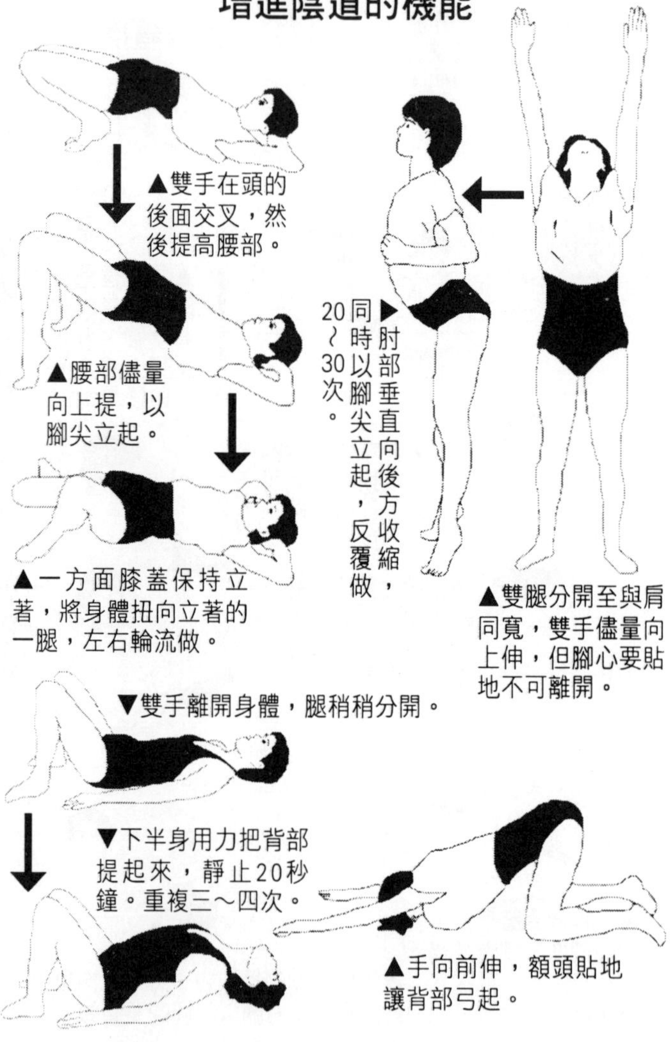
▲雙手在頭的後面交叉，然後提高腰部。
▲腰部儘量向上提，以腳尖立起。
▲一方面膝蓋保持立著，將身體扭向立著的一腿，左右輪流做。
▶肘部垂直向後方收縮，同時以腳尖立起，反覆做20～30次。
▲雙腿分開至與肩同寬，雙手儘量向上伸，但腳心要貼地不可離開。
▼雙手離開身體，腿稍稍分開。
▼下半身用力把背部提起來，靜止20秒鐘。重複三～四次。
▲手向前伸，額頭貼地讓背部弓起。

⊙和他共同進行的快感開發法

兩人一起做快感按摩來開發快感焦點

和心愛的他做愛卻得不到快感或滿足，就證明妳的快感帶開發較遲，務必在妳愈來愈冷感以前，嘗試兩人共同進行的快感開發及增進。

從肩膀到胳臂、臀部、胸部、背部、性器

- 胳臂內側的感受較高，從腋毛一帶到手腕附近，以四指的指腹部分有節奏地揉。
- 使用他的嘴唇來做也很有效。在直接刺激肩膀以前，要以頸子的根部為中心鬆弛肌肉，肌肉鬆弛了才誘他以指腹輕揉。
- 耳朵是以耳垂、耳穴及耳後為快感帶，耳垂可以用拇指和食指輕揉，耳後是在髮際部分，以手指立起刺激，耳穴是以小指輕輕伸入做抽送運動。

●這就需要他的協助。可用雙手從整個臂部的外側到內側，如包著畫圓般按摩。誘他為妳做時，壓著穴道揉更有效。

●乳頭和四周的乳暈，是乳房感度最高的部分，首先從四周朝中間愛撫，其後以拇指及食指夾著乳頭輕揉或扭動，或者以指甲輕輕地掐也很有效。

●也為她按摩背部。背部有快感的是脊椎骨（形成背骨的小骨），要從頸部到胸部如同鋸東西的感覺，手指向上下移動。

●自己無法做的就是背部按摩，如果借用他的唇，快感會倍增。如果是用手指，則是從腰部到頸部，將指甲立起來倒著向上愛撫。

●陰蒂是以拇指、食指和中指，如同要撐開般向前後左右擦揉。

●對於恥丘的愛撫要從陰毛開始，用五指在陰道兩側到陰毛邊緣，如同要抓起一般輕輕地拉毛。

●大陰唇以食指、中指、無名指尖端輕撫，或是做細小的振動。小陰唇是如同要把蓋在上面的大陰唇推開般按摩。

⊙現在已經可以大膽地觀賞自慰書籍

自慰行為是達到高潮的重要過程

認為自慰不好已是過去的說法，不僅如此，自慰已是妳能否在SEX當中獲得高潮的重要條件，因而當然要能懂得它乃至利用它的正確知識。

自慰是古來自我紓解性慾的方法

現在，認為自慰是性器發育或快感開發不可或缺的途徑，已是十分普遍的想法，換句話說，大多數人都有自慰的經驗。

只要是健康的人，都會自然地產生慾望，這是每個人都要經過的階段，但經驗的時期卻因人而不同。

實際情形只要看一七六頁表即可了解，百分之八十的女性在高中以前就已經有自慰經驗了。

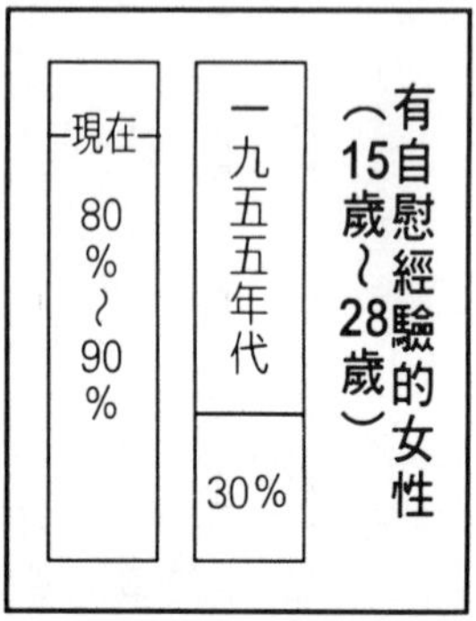

再來看看女性在一個月有幾次自慰行為。

男人在一個月內以週為單位有幾次是很普遍，但女性則以一個月有二、三次占百分之四十一最高，加上偶爾才有的人，則多達百分之七十以上，由此可知，女性自慰多半不是慣性的。

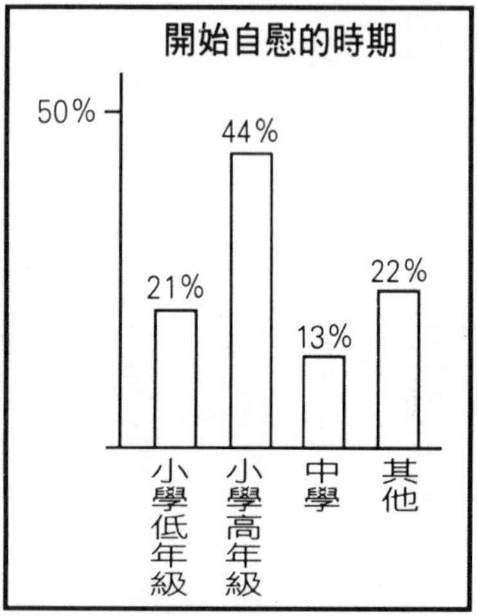

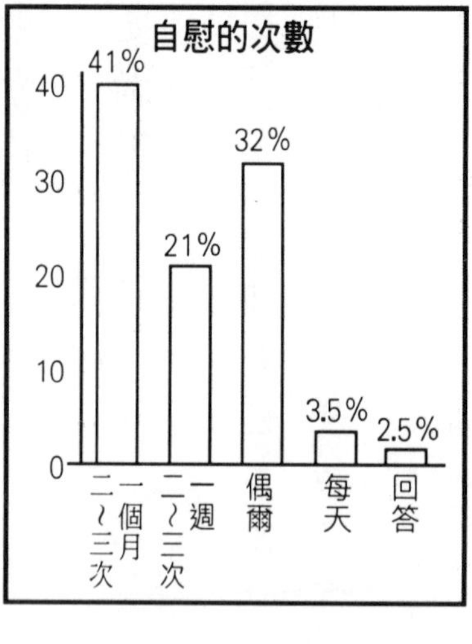

有關自慰行為的問與答

問：我在小學的時候就學會了自慰。至今仍然沒有性經驗，可是左邊小陰唇卻變得很大，這是不是自慰的緣故？

答：這一類的問題很多。和妳小時候比，妳的身高、體重及各方面的發育都很明顯，到了青春期，小陰唇會發育而愈來愈大，這一點和自慰行為沒有關係，普通即使比大陰唇突出一公分也不算異常。

問：我已經養成在睡前自慰的習慣，每天都做有沒有問題？

答：如果妳認為不會影響到第二天的精神狀況，每天或做多少次都沒有關係，你可以把它當做和飲食一樣，即肚子餓了當然要吃飯。

女性的快感帶不只是陰蒂或陰唇等外陰部，全身都散佈著，如果能夠以自慰行為將快感帶找出來，相信對於將來與他的性關係也會有益處。

問：我的陰蒂是包莖，真煩人，能否利用自慰行為治好呢？

答：當然可以。如同用食指、中指揉著表皮一樣，只要讓它露出來，然後才直接刺激，它就會愈來愈突出。

問：前些時候我的小陰唇上長了黃豆大小的東西，非常癢，這是不是自慰多了？

答：原因很多，如果只是黃豆大小，很可能是細菌進入毛孔裏引起的毛囊炎，此外還有傳染性軟屬腫等，若是淋巴腺腫，就應該立刻到醫院去檢查。要多注意個人衛生及不乾淨的手。

自慰的基本技巧

●自慰的技巧

自慰的技巧因人而不同，但大致可以分為下述二種。

①對陰蒂及其四周間接或直接刺激，前者是從褲袜上面以手指愛撫，或者雙腿相互摩擦，以擦揉整個性器的方法。

或者以小靠墊、枕頭等柔軟的東西，在外性器上面壓。

②是最一般的自慰。整個性器的刺激方法，即是扯陰毛或捏或揉大陰唇，

使用指腹輕壓陰道口上下方，或是以螺旋狀愛撫會陰部（陰道與肛門之間的部分）等。

興奮度上升了才能接觸陰蒂，至於如何巧妙獲得快感的重點，則是直接以手指刺激露出的陰蒂。

妳只需將恥丘部分的皮膚向上拉，陰蒂就會簡單地露出。

接下來是捏、按、轉、輕敲、左右上下搓等，由妳自己去發明最好的方法。

愛液少的人可以使用嬰兒油之類的潤膚油。

●自慰的體位

自慰時主要就是腿的變化。

①雙腿伸直並攏

這時，腳尖到整條腿的肌肉要讓它緊張，臀部肌肉用力。

②雙腿伸直分開

雙腿可以分開二十～九十度角，這種放蕩的體位會使人更興奮，愈接近高潮時，可以慢慢把腿合起來。

③雙膝彎曲

雙膝彎曲到腳尖與腳踝貼地的體位。還有一種是雙腿向上舉的方法。其他是雙腿交叉，或是把骨盤向上抬，或立姿或坐下，主要是自己容易達到高潮的體位最好。

●自慰時的注意事項

因為性器的大部分都是由黏膜所形成，很容易發炎或受傷。是故，自慰之前一定要把指甲修剪乾淨，雙手要保持乾淨。陰蒂也是很敏感而容易受傷的部位，所以使用硬物很危險，何況是振動器一類的玩具刺激過於強烈，很可能會成為冷感症的原因。

⊙男女的快感帶有很多的差異

男性與女性最敏感的十個部位

不論是男人或女人都有快感帶，且並非只有性器才是快感帶，我們全身都散佈著快感帶，只是男女的位置有很大的差別。

女性最敏感的十個快感帶

①性器及其四周——包括陰道、陰蒂、G點等，這些都是最敏感的部位，當然也是接觸男性性器的重要部位。

②胸部——使用手指或舌尖的技巧愛撫，有時也會達到高潮，可說是第二性器。

③唇——和性器、胸部一樣，算是第三性器，因接吻的方式能使女人眼睛陷入痴迷狀態。

④頸部——最能強調女性性感的部位，這裏也是快感集中處。
⑤腋下至體側——即有時碰一下就會覺得很癢的地方，這證明此處也是重要的快感帶。
⑥臀部——表面看來這兒的反應很鈍，實際上它也是很敏感的部位。
⑦大腿——特別是內側更是快感集中處，稍微碰一下也會很興奮。
⑧背部——或謂「背部發毛」，這表示它也是感覺敏銳的部位。
⑨耳垂——是女性特有的重點，但男性的這個部位卻毫無感覺。
⑩頭髮——不一定是SEX時，平時有人輕撫都會感到舒適。
一般是由①至⑩的順序，快感級數會愈來愈低。

男性最敏感的十個快感帶

①龜頭——是男性最大的快感帶，只要用舌尖舔一舔，他可能就會爆炸。
②龜頭溝——插入時這個部位正好會碰到子宮壁而產生快感。
③陰莖——勃起時血液都流入這個部位，因而快感度也集中於此。

④陰囊等陰莖的其他部分——陰囊表面看來不像是快感帶，其實這兒正是暗的快感帶。

⑤會陰部、肛門等——肛門四周是未開發部位，但刺激太過強烈很可能會造成變態。

⑥大腿內側——和女性一樣快感帶是集中在內側，時而輕輕地愛撫一下，刺激就會傳送到陰莖。

⑦乳頭——雖然不及女性的胸部那麼敏感，但是，有很多人意外地沒有發現這個部位。

⑧腋下到側腹——彷彿會起雞皮疙瘩的快感，起先是覺得癢，逐漸地便轉變為快感。

⑨腳心——此地是意外的快感帶，呵癢的感覺會很快轉變為快感。

⑩耳朵、頸部——對它吹氣會起雞皮疙瘩，這便是最高快感。

⊙男人與女人的高潮

妳和他的「快感曲線」是否一致？

高潮應該是與他共有的——兩人的性興奮及高潮一致了，心中必定會充滿幸福及愛的喜悅，那麼，這種好處究竟應該以何種方式覓得呢？

男女的快感有很大的差別

快感是一種大腦可以直接感受到的本能，但同時它也是五官都獲得訊息時才會感受到的。

女性的快感尤其如此，而高潮也和男性不同。一八五頁所列的，是三種男女的性興奮圖表。雖然因為個人差異而多少會有不同，但大致說來，男性的快感上升得快落得也快，相形之下，女性達到高潮的速度就比較慢，同時，高潮也會持續得比較久，然後才緩緩下降。

男女的性興奮曲線

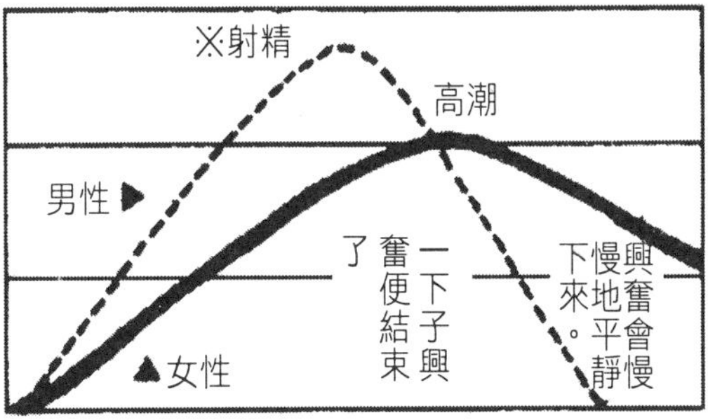

▶女性方面的上升速度太快，高潮度低，又無法與男性的高潮一致，所以對於性的喜悅會差一些。

男女的性興奮曲線（連山型）

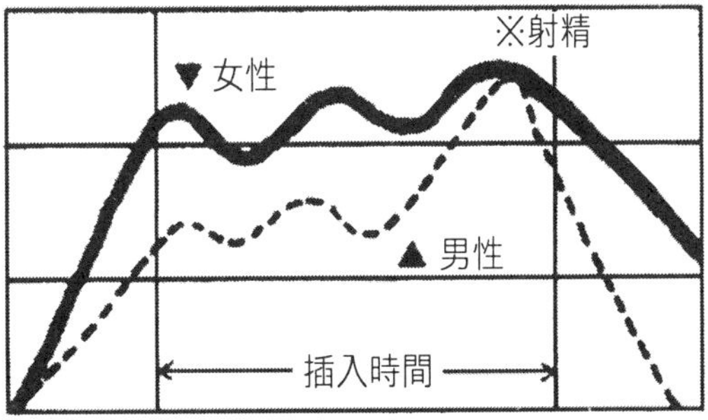

▶中等程度高潮會連續出現，而每出現一次就會更加興奮，因而真正的高潮十分強烈。

男女的性興奮曲線（高台型）

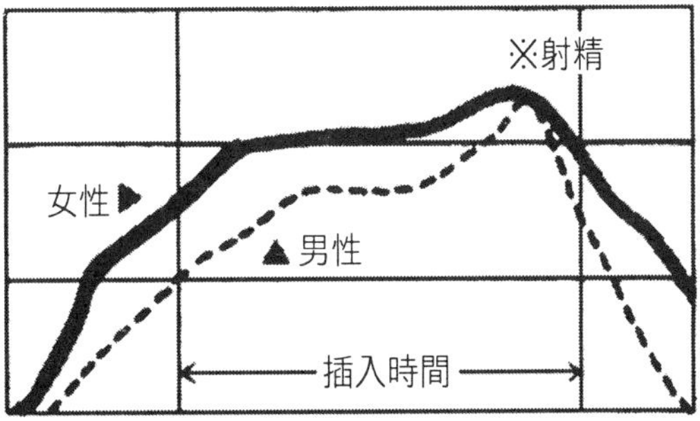

▶與男性的興奮成比例向上升，和男性同時達到高潮，是最理想的性高潮形態。

了解這一點不同後，便需要研究應如何使彼此的高潮一致，亦即需刻意讓男性慢一些達到高潮，以積極的方式等待女性高潮的到來。

不過，女性也因個人差異，而有高潮態的不同。

在一次性行為中，男人通常只能達到一次高潮，但是，女性都可以連續得到幾次高潮。

因此，每個人達到高潮的情形有個人差異，亦即達到高潮的速度和持續力都不同——有一種情形是很快就達到高潮，獲得一次高潮興奮度便下降的山形曲線，另一種是慢慢地上升，將高潮分成幾次享受的雙山形曲線，而雙山型還可以分中等高潮二、三次，才到達最高潮的連山型，以及慢慢地直接達到最高潮，未經中等高潮的高台型。後二者是最理想的高潮曲線，但是，如果男性能配合女性，使彼此的高潮一致則更美妙。

那麼，要如何開發高潮呢？現在具體介紹幾個方法。為了要獲得快感，最重要的是和男性溝通，因此，妳要盡情表現自己對於SEX的態度。

①誇張地反應男性的愛撫。

②互相愛撫對方。

③可以自慰的方式盡情開發快感。

④身體感到興奮了，便直接以語言表達。

盡可能以上述的方式做，自己也會有快感的錯覺，這樣就會刺激大腦，因而能夠更刺激快感。

女性的快感曲線／三種形態

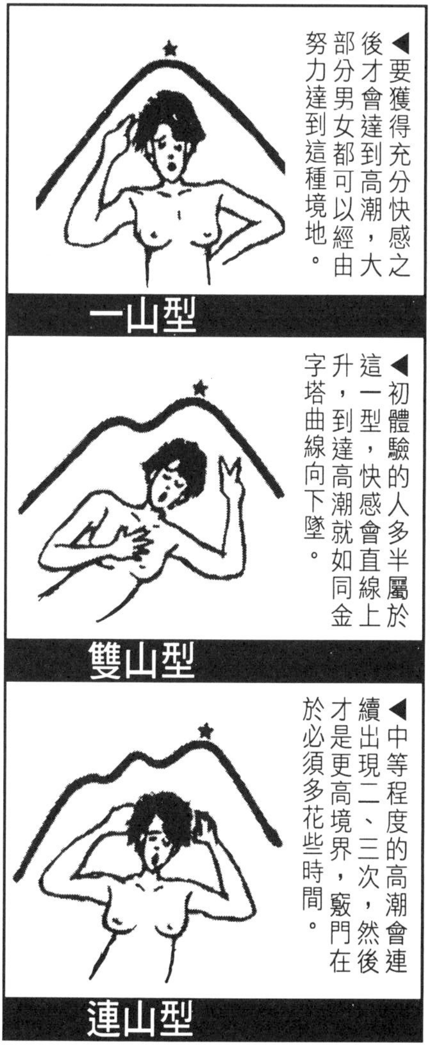

◀要獲得充分快感之後才會達到高潮，大部分男女都可以經由努力達到這種境地。

◀初體驗的人多半屬於這一型，快感會直線上升，到達高潮就如同金字塔曲線向下墜。

◀中等程度的高潮會連續出現二、三次，然後才是更高境界，竅門在於必須多花些時間。

高潮——不要被高潮的俗說困惑

1 初體驗的快感會比自慰高？

初次體驗時因為有精神上的期待及緊張，所以，無法獲得在鬆懈狀況下自慰所獲得的快感。換言之，初次體驗的人根本不應期待獲得肉體上的快感，而應享受心靈的喜悅。除非對方是十分老練的人，否則，就不可能獲得比自慰更高的快感。

2 是否每次性行為都能達到高潮？

因為陰道內的黏膜非常遲鈍，所以性經驗很少的二十幾歲少女，多半不容易達到高潮。

要達到高潮的對策，就是多花時間於前戲上，為了刺激敏感的外陰部，體位可採用背後位，或是女性能自由活動身體的騎乘位。

3 是否沒有插入就無法達到高潮？

因為女性有種要求插入的受精本能，很介意是否和男性成為一體。事實上，百分之八十的未婚女性都是由外陰部獲得快感，而這種傾向以性經驗愈少愈明顯，是以男性的愛撫或刺激外陰部，更能使年輕少女獲得快感，不過，性經驗豐富的女性則相反。

4 男人早洩會使女性得不到快感？

因為年輕女性較不從插入直接獲得快感，所以即使男性很快射精，也沒有必要責備他，妳可以在插入前的愛撫獲得充分的快感。如果男性能夠較多的時間做更久更強烈的前戲和愛撫，在插入後，女性往往很快就能達到高潮。

5 陰道與子宮的痙攣就是快感的證明？

陰道與子宮和我們的手腳不同，是我們自己無法控制的部位，原因在它們沒有隨意機能。是以和高潮時的手腳痙攣不同，不一定會有這種現象。若是性經驗豐富的成熟女性則另當別論，年輕女性應該很少這種現象。

6 是否需要為達到高潮做體操？

不一定。不要認為體操絕對可以讓你達到高潮，事實上，做體操只是能使陰道收縮，使肛門與陰道之間的括約肌發達，而這個括約肌就是最怕肥胖，是故，所有的美容體操都和SEX有關。

⑦達到高潮時當然會失神嗎？

女性的高潮是畫弧線緩緩上升的，同時也是按照這種弧度緩緩下降；在達到高潮時，雙方會把眼睛閉起來，渾然不關心外界的一切，但這和失去意識的暈怯不同，因為，這時他們是在享受性的快感。

⊙與他共享性的喜悅

不羞怯地盡情享樂是共有美好SEX的前提

與深愛的他做愛，雖然內心很熱情，但身體的感受仍然差了些，這就表示妳的努力還不夠，怕難為情，可是，完全依靠他必定無法享有真正的性喜悅，那麼，該如何獲得這種性喜悅呢？本文介紹幾種較普遍的體位以供參考。

體位變化的基本型——由正常位開始以背後位結束

●正常位是一切體位的基本——平板但深度充分

表面看來最普通的體位就是正常位，不過，依雙腿分開的情形，或是如何纏繞，快感程度就會有很大的差別。因此，要先學會基本型，然後才研究適合個人體型的獨特正常位。

所謂基本型，就是妳仰臥平躺著雙腳分開而上舉，將身體彎起來迎接他；他插入之後，可以用手愛撫妳的胸部、腹部，或是以唇舌愛撫妳，然後才轉變為其他的體位。

●從正常位轉換為屈曲位——達到高潮的序曲就看妳如何改變體位

正常位的變化，最常見的就是屈曲位。先由他從正常位支起身體，雙手繞到妳的腰部，即可進入屈曲位。採取這種體位，他可以把妳的雙腿放在肩上，然後抱著妳的雙腿將妳的身體摺起來，這樣會使結合更深，也能夠充分滿足他的征服慾及佔有慾。

●穩定的面對面坐位可產生更深刻的快感

女性由屈曲位坐起來，就是面對面的坐位。這個體位的優點，就是他的手可以搆到妳的背部、臀部甚至肛門，這是正常位和屈曲位不可能做到的。

對於背後位及騎乘位有抗拒感的人，不妨先做這個體位，妳在性行為中可以看到他的臉孔，必定會因為安心而快感倍增。

●採取背後位能使兩人同時達到高潮

面對面坐位會為妳帶來新的快感，但相對的卻會使男性的快感較差，這時候可以從坐位保持插入，腰部反轉變成背後坐位，繼而直接變成背後位。在這個體位的變換中，除了他的努力外還需要妳的幫助，否則一定不會成功。

背後位能使男女雙方下半身的刺激倍增，因而兩人會沈醉於快感中，繼之同時達到高潮。

妳的積極態度是深入共享性愛喜悅的必要條件

●背後位最重要的是妳背部的穩定感及兩人默契一致

採取背後位最重要的是女性的安定度。妳的手腳要穩穩地伏在床上，將重心放低些，這樣他才能輕鬆地活動。

在結合中，妳可以大膽地扭動腰部，最重要的是二人有默契，這才是背後位最理想的狀況。

●在浴室裏妳不妨積極採取主動

在浴室裏全裸之後，妳就先愛撫他，在兩人全身塗肥皂，然後用整個身體為他洗，繼之在浴缸裏用手或用口為他愛撫，表現與床上不同的妳，讓他明白妳也在享受性愛，如此一來，必定能使你們之間的性生活更具有深度。

●由女性採取主動的騎乘位最刺激

騎乘位是女性在上方引導男性，由女方主動，所以妳要大膽地扭動腰部，控制他的興奮度。這時，妳可以讓他看到妳陶醉的表情，給予他視覺上的刺激，同時，也別忘了將他的雙手引向自己的胸部和腰部。

●雖不實用卻可享受插入感的前戲體位

立位的結合較淺，插入後也不能激烈運動，所以不能算是實際的體位，但是，卻可以滿足被他抱在懷裏的精神要求，因此，可以當做前戲使用。不過，這種體位穩定感差了些，所以要避免站不穩的地方。

以唇舌愛撫男性性器

①用嘴唇輕輕夾住男性的陰莖側面愛撫，由根部一直輕撫到尖端，這時，雙手要輕輕愛撫睪丸。

②愛撫了側面以後，繼之以舌尖爬向陰莖下側，時而強烈時而輕柔，舌尖要富有變化。

③輕輕地以舌尖頂陰莖尖端，以口腔做抽送運動，接著以舌尖輕頂龜頭部分，效果更好。

⊙這麼做會使妳更惹人厭

妳在床上也有這種令人敬而遠之的作為嗎？

人在床上很容易心情開放，因而做一些令人意想不到的糗事，這種女人男人最怕了，再也不會想要和妳在一起。現在就介紹幾種令男性畏懼的例子。

衣服隨手亂丟的女人

「這種女人與其說他邋遢，還不如說他給人不潔感。有一次我還看到脫下來的內褲有污垢，當時我就知道一切都完了。」（25歲・職員）

不論是男人或女人，性興奮時的情形都可以了解，但脫下來的衣服還是要好好擺放，免得男人看了感到不適。

在旅館裏泡澡或胡鬧的女人

男人一旦興奮了都很不容易忍耐，所以，如果女人像是在家裏一樣泡在浴缸裏久久不出來，男人一定會氣急敗壞，認為妳沒有誠意。

「上次我遇到一個女孩子，除了洗澡還洗頭，當時我真想罵她，然後一走了之。」（26歲・銀行員）

「我們進入旅館以後，她就像是發現新大陸一樣大叫：『哇！好棒哦，還有鏡子，嘿，還供應保險套呢！』在房間裏亂掀亂看，讓我看得嚇壞了，想不透怎麼會這樣的女人！」（28歲・職員）

要求男人為她按摩的女人

「性交以後當然兩個人都會感到疲倦，可是她好像完全沒有考慮到這一點，硬要我為她按摩，當時我沒有吭聲地為她服務，但是，以後我再也不去找她了。」（25歲・/自由業）

與其要求他按摩，還不如玩玩後戲有意思。

要接吻才去刷牙的女人

「喜歡乾淨倒也無話可說，可是在要接吻的瞬間才跑去刷牙，這未免太過分了。」（20歲・學生）

帶著保險套的女人

「她一上床就拿出長方形的盒子，原本以為她要送我禮物，細看之下原來是保險套，看到這種情形，我只覺得她好可怕，對於性的期待也消失殆盡了。」（27歲・職員）

打電話向女朋友報告的女人

「她一進入房間就拿起電話和朋友聊個不停，再怎麼說也不該這樣，這種女人實在太過分了。」（30歲・職員）

自動脫掉衣服鑽入被中的女人

「我總覺得男人為女人脫衣服就是開始SEX，所以，看到女人自己脫了衣服很快鑽入棉被裏，我會一下子就沒勁了。」（28歲・郵務員）

加上你又是自己上床，他一定會認為妳是個色情狂。

在緊要關頭睡著的女人

「我拼命又是前戲又是愛撫，可是她毫無反應，感到有點奇怪低頭一看，她竟然睡著了，不得已我只好離開。」（26歲・職員）

上床前要做準備體操的女人

「有這麼一個女人，衣服脫光了就開始做體操，接著還要求非常奇怪的體位，我的臉都綠了。」（29歲・空服員）

第四章

愛的風暴，讓世界更美好

⊙女性單方面享樂的性測驗

他的感度如何——測驗妳的性技巧

要享受完美的性，女人也需要相當的技巧，所以我們設計了這個測驗，來探討妳的性愛技巧。

要老實回答下列問題，然後對照得分表計算妳的總分，才能正確診斷妳的性愛技巧指數。

問1：他插入時妳的反應如何？

A：配合他的動作扭動腰部。

B：更加貼緊他以加深結合度。

C：不動。由他去努力。

問2：採取正常位時妳的腳如何放？

A：變成く字形，腳底緊貼著床。

B：腰部挺起，腳舉在空中。

C：雙腿在他背上交叉。

問3：若是背後位，妳會採取下面那一種姿勢？

A：肘部貼地，臀部突出。

B：背部伸直，雙手手心貼著床。

C：弓起背部。

問4：他要求妳口交時，妳會如何？

A：會不願意而拒絕。

B：以手指代替口。

C：不說話為他做。

問5：在口交技巧中妳認為男人最喜歡那一種？

A：用口含著以嘴唇舔的感覺。

B：以口含著用舌尖滾動的感覺。

C：含在口中以牙齒咬的感覺。

問6：妳認為男人的陰莖最敏感的是那個部分？

A：龜頭內側。
B：尖端的尿道。
C：整個陰莖。

問7：為仰臥著的他口交時，妳的姿勢是——
A：身體在男人的雙腿之間。
B：從男人的身體側面為他口交。
C：跪在男人頭側呈69姿勢。

問8：為他裝保險套時妳會注意什麼？
A：避免弄破而一直套到根部。
B：只要套住尖端的龜頭即可。
C：套到一半就夠了。

問9：他使用體外射精失敗，若是妳會如何處理？
A：用可樂清洗陰道。
B：以手指插入陰道將精液弄出來。
C：用溫水清洗。

問10：如果公寓隔壁傳來做愛的聲音，妳會如何對應？
A：盡可能忍耐。
B：聽到聲音也沒關係，自然地對應。
C：咬手指或床單。

問11：妳了解多少種體位？
A：基本的四十八種都知道。
B：正常位、坐位、後背位、騎乘位。
C：只知道正常位。

問12：何種體位男人最能持久？
A：背後側臥位。
B：騎乘位。
C：後背位。

問13：男人在何種情況下會想做愛？
A：喝酒時。

得分表

問	1	2	3	4	5	6	7	8	9	10	11	12	13	14	15	16
A	4分	2	6	2	4	6	2	6	2	1	5	1	1	1	1	5
B	6分	4	4	4	6	2	4	2	2	5	3	5	3	5	3	3
C	2分	6	2	6	2	4	6	4	6	3	1	3	5	3	5	1

這是診斷妳的性愛技巧測驗。總計90～81分者，他已經被妳的做愛技巧深深迷住了；80～71分者，妳已有取悅他的充分技巧；70～61分者，差了些，他可能會對妳略感不滿；60分以下者，妳一直採取被動態度，最好能改善這種完全由他主動的性愛。

B：飢餓時。

C：早上起床前。

問14：妳能親吻他的身體到何種程度？

A：乳頭或頸部。

B：性器。

C：肛門。

問15：妳認為最有效的接吻技巧是何種情形？

A：牙與牙相撞的激烈熱吻。

B：交換唾液。

C：互相激烈地吸吮舌頭。

問16：性行為之後的後戲有什麼意義？

A：想要再來一次的意思。

B：享受餘韻。

C：禮上往來。

⊙由血型看你的最佳搭檔

男女血型與性的快感有密切關係

「什麼？血型和性愛也有關係呀？」不要如此驚訝，俗話說「性的一致也就是性格的一致」，SEX和性格的關係十分密切，所以妳應該先知道他的性格，進而學會對兩人最有利的做愛技巧。

O型女性的情形

這是充實度滿分的搭配，但如果欲求波長不一致就要注意。

O型男性

這一對的SEX配合度非常好，對於性的積極性與主動性都一樣，再奇特的體位也能接受，所以能夠充分地在床上享受熱烈的性愛。

要注意的是兩人的慾望不同時，因為O型的人性慾有週期性，如果這種週期不同，就會有很大的差別。

這種慾望波長一旦不一致，在愛情方面就很可會出現裂痕。

A型男性

他在妳面前會顯得比較不積極，所以應該多要求他前戲。

A型男性本來就很喜歡SEX，可是他的自尊心很強，所以，很難積極表現，不過即使如此，在大膽的O型女性前面，他還是能坦率地將自己的慾望表露出來。

問題在A型的他因為快感都集中在性器上，所以很介意插入的技巧，同時也比較疏忽前戲。

相反的，O型的妳卻渴望全身的愛撫，讓慾望充分燃燒後才結合，所以，最好是由妳採取主動，讓兩人的高潮能夠一致。

由女方主動的女上位最適合O型女性。

AB型男性

是由女方握主導權的一對，妳要設法讓他跟進。

AB型男性很會配合要求積極的O型女性，因而兩人在性愛方面的搭配極佳，可獲得充分的高潮。

不過，AB型男性容易冷淡而比較熱心於研究，O型的妳渴望深刻的愛情與真正的結合，所以妳可能會對他的態度十分不滿。

配合女方節奏的騎乘位最適合這一對。

B型男性

只要妳能坦誠以對，情緒化的他也能充分了解妳。

有強烈母性的O型女孩，很能包容宛如小孩般的B型男性，但是，會被情緒化的人弄得一團糟，譬如妳想撒嬌卻被他推開，或者毫無心情時他卻執著地要求，是以妳會感到十分不滿。

A型女性的情形

O型男性 妳對於性的積極態度，會使他的慾望愈燃愈熾烈。

對於容易抑制自我而採取被動的A型女性來說，會積極要求的O型男性最適合，這樣妳只需隨其引導即可。

即使彼此慾望相差很大，因為妳會抑制自己的情緒，他就不會有痛苦的感覺。

不過，對於SEX不大開放的A型女性，往往需要充分的前戲，如果他的前戲做得不好，就很可能會使氣氛冷卻。

有時不妨大膽地向騎乘位挑戰。

A型男性 兩人都能相互關懷，故而能夠享受富有變化的美妙性生活。

A型男女即使彼此不說話也能了解對方的心意，是以SEX也能夠在相互愛撫確定彼此反應的情形下進行，隨著兩人的感情愈來愈親密，就會逐漸嘗試各種體位。

不過，如果妳和他當中，有一人對於慾望過分抑制，或者心胸無法全然開放時，就會使同樣是A型的對方感到十分困擾，雖然彼此的性關係很確定，但是，這種穩定久了就會變成一種倦怠，即使經常都有相同的快感，只怕也很難突破。

一方面想要保持穩定狀態，同時又喜歡新鮮事的A型男女，偶爾不妨試試臥室以外的地方SEX。

AB型男性　對於性愛很淡泊的他，妳需要有充分的誘惑技巧。

大致說來，AB型男性對於性都很淡薄，不過，其中一種AB型男性會以享受性遊戲的態度面對，另一種則是全然沒有興趣。

如果他很會玩，就會以高級的領導技巧讓妳得到滿足，但因為遊戲感過分強烈，渴望愛與性結合的妳必定會有被玩弄的感覺。

如果他本來就很淡薄，對於性毫無興趣，你們的結合次數必定少而缺乏內容，偏偏一向被動的妳又無法提出要求，是以偶爾會感到寂寞，但也只好忍耐下去。

B型男性

與他之間的SEX內容豐富，他擁有高度技巧又善於開發妳的快感。

B型的他不善於表達愛情，因而會設法藉著SEX來表達他的愛慕之情。他會勤於前戲和愛撫，以富有變化的方式來開發妳的快感。

不過，時而太重視前戲也會變成缺點，何況他雖然顯得害羞又不擅於表達愛意，都老是會在床上說一些破壞氣氛的話，這就需要妳的諒解了。

妳要稍微大膽些，背向著他的騎乘位可展現妳惱人的臀部動作。

B型女性的情形

O型男性

他的領導固然能滿足妳，但有時妳也需要大膽些。

O型的他很會照顧B型的妳，他會溫柔地包容妳，在性方面也是一樣，尤其是對於性愛較消極的妳，他積極的引導定能滿足妳。

把一切主動權都交給他，由他來引導，跟著他做的確很好，不過，如果妳是屬於我行我素傾向較強烈的女性，就可能會對一切都由他領導的性感到不滿。

他很疲倦時，妳就採取由女方主動的騎乘位。

B型男性

他會以遊戲的感覺享受性，並製造氣氛來提升快感。

同樣是B型的男女，與其說他們浪漫，實際上他們給人的感覺就如同情投意合的好友。B型的人能夠將性與愛分開，是以能夠將性當做遊戲來面對。

其次是彼此的性機能是否配合，以及是否有技巧上之差別的問題。他的動作笨拙，在妳或他想要享受時，就可能多少會對對方感到不滿。

不過，因為同樣是B型的人，所以除了性以外，還能發現各種不同的樂趣，是以同是B型的一對多半都能相處得很好。

如果他是會享受性愛的人，妳可以大膽地自慰給他看。

A型男性

一切就看妳的演出技巧如何，即可改善彼此的性關係。

A型的他對於氣氛十分敏感，偏偏妳既害羞又不善於製造氣氛，在性愛方面，妳往往更是不善於表現，是以他更加無法熱情。

換言之，如果妳會製造氣氛，與他之間的性生活就會非常充實，原本很少的結合次數也會增加，在體位方面，他會逐漸地更富有變化。

以對方大腿為枕的69式體位，也很適合。

AB型男性

他對於性很淡泊，但是對於各種體位的研究可消除妳對於性的不滿。

這是話多而不愛吵架的一對，但肌膚接觸很少，可說是十分清淡的一對。

做愛時間很短，前戲也簡單，不但沒有什麼體位變化，有關性愛技巧也少得可憐。

雖然如此，妳對於彼此的性生活還是相當滿意，這是因為具有協調性的他，頗能配合妳對於性的乾脆態度。

話說回來，如果妳對於性有強烈的關心，就可能會對過去的性生活感到不滿。

可嘗試以柱子支持身體的立位。如果一腳放在床邊，也可以從後面交合。

ＡＢ型女性的情形

他的態度可決定妳的滿足程度。要以害羞作戰法對應他的早洩。

O型男性

ＡＢ型女性很能配合積極的O型，這種搭配可分鴛鴦型及猴狗型。

這一點在性愛方面也是一樣，他可以溫柔地包容妳，若是很能夠容忍的男性，妳就可以在性愛方面獲得充分的滿足與喜悅。

不過，假如他是個小心眼的人，妳將只會覺得他的要求太猛烈，因而不情願與他配合，結果是惡性循環，妳會感到無氣氛的性行為如同動物交合，可是妳又不敢明白說出來，偏偏又無法抗拒他的要求。

適合可獲得雙方愛情包容的面對面坐位。

B型男性

B型男性喜愛富有變化的性遊戲，妳可用激烈的行動來回報他。

B型男性對於SEX會熱心地研究及實踐，但也分為關心SEX與不關心SEX二型，但如果對象是AB型女性，他通常會變得很熱心。

這是一對與其口交，不如設法享受體位變化的一對，而他熱心研究得來的性技巧，必定能使慾望淡泊的妳放心大膽享受SEX。

不過，B型男性有我行我素傾向，他會藐視妳的想法，依自己的方式做性遊戲，因而妳偶爾感到些許落寞。

採用正常位時，妳可以把腿繞到對方腰部。

A型男性

可利用具有刺激的體位，使自制力較強的他變得大膽些。

這是感情很好的一對男女，可是在性愛方面很淡泊，AB型女性通常會配合對方的方式隨時有很大的變化，換言之，只要對方熱情地要求，她就會積極回應。

因為對慾望較淡泊，妳不會主動提出要求，是以與比較會抑制自我的他之間，性愛方面會顯得清淡而乾脆。不過，如果妳能大膽地逼近他，也能造成以鬆懈心情享受性愛的姿態。

妳不妨大膽將雙腿張開，將他的手引誘到乳房來。

AB型男性　兩人對於性都恬淡無慾，是以更需要合力找到SEX的樂趣。

原本對於肉慾就沒有什麼要求的AB型男女成對時，通常可分為會充分享受熱情SEX型及淡泊泛味型。

AB型男性固然淡泊，一旦他把SEX當做嗜好，就會變成一個熱情洋溢的花花公子。倘若妳的他正是這種人，他的研究心也會很旺盛，會運用各種技巧，如此，妳必定能充分品嚐到性的喜悅。

可是相反的，如果他對於性毫無關心，與他做愛必定是淡而乏味。

如果他會玩，何妨試試側臥交叉體位？

⊙是V感覺或C感覺

妳是否了解自己是屬於V派或C派

如果妳不知道什麼是V感覺或C感覺，就表示妳的性生活一片黑暗。所謂V感覺就是陰道的感覺，C感覺則是陰蒂的感覺，重點在妳要了解自己屬於那一派，然後以V加C感覺即可充分達到高潮。

什麼是V感覺和C感覺

V感覺就是指陰道的感覺，包括陰道口、陰道壁及陰道內部三個部分經刺激得到的快感，通常是經由男性的性經驗而產生。

另一方面，C感覺是指陰蒂的感覺，是先天性的，指陰蒂及其四周特別容易獲得快感，在幼兒期玩弄性器或自慰行為均可獲得快感。

C感覺可自己獲得，V感覺則相對地必須經由男性的協助才可達到，此外還要加上愛情。不過，有些人會因為男性在性行為中過分自私而得不到V感覺。

話說回來，所謂的V感覺或C感覺也不是絕對的，它往往會因個人的性經驗改變而變化。

V加C才能達到至上高潮

我們不能說究竟是V感覺或C感覺的感度較好，因為唯有V加C的感受刺激，才是女性達到至上高潮的竅門。

不只是刺激陰道，同時也要愛撫陰蒂，這樣女性一定可以達到高潮，但需要男性以愛情為前提的協助，亦即由前戲觀察對方的反應，彼此以手指的愛撫來肯定快感，只要雙方相愛，自然能獲得絕妙快感。

包括下面要介紹的體位，你們應早些培養出合力達到高潮的技巧。

能刺激Ｖ感覺與Ｃ感覺的體位

刺激Ｖ感覺的體位

騎乘位　依女性的體重放在那兒，即可嘗到更深的插入感。妳可以把胸放在男性臉上揉。

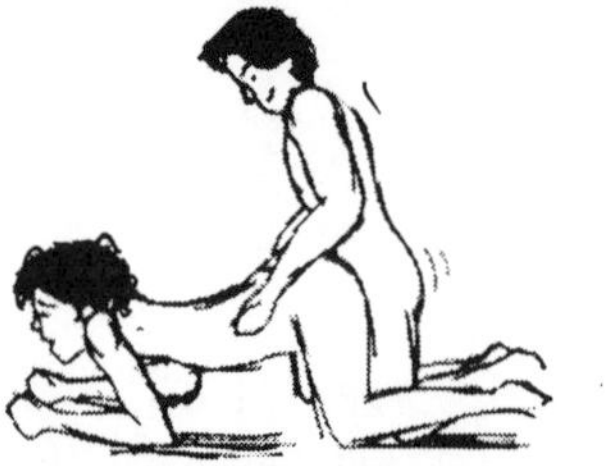

後背位　女性位置的變化可獲得各種Ｖ感覺。由於插入較深，陰道內部的插入感覺很充分。

刺激Ｃ感覺的體位

後側位　這是女性較被動，對耳穴到頸部接吻，加上胸部的愛撫，女性即可產生極高快感。

坐位　這種體位男性比較不方便行動，如果女性一面動一面以臉孔或頸部搓揉對方身體，對他的刺激也會倍增。

Ｖ加Ｃ的雙重刺激體位

坐位　這是稍微複雜的交叉坐位，對於Ｃ的刺激很強烈，因為陰莖和陰道的方向不同，Ｖ的感覺會倍增。

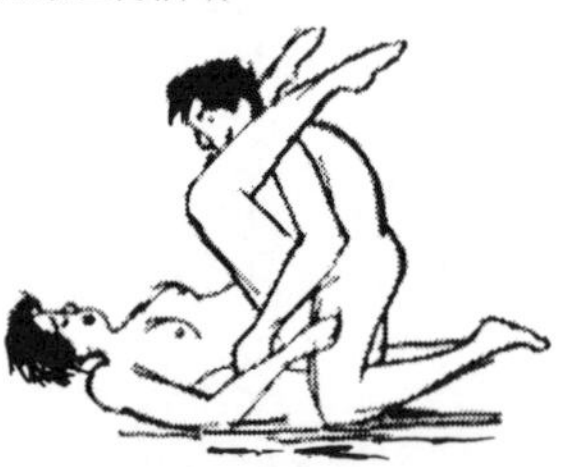

屈曲位　這是利用壓迫及旋轉動作刺激Ｃ和Ｖ的體位。插入的同時可用唇舌愛撫女性胸部。

⊙關於彌補性缺陷的體位

以體位研究來消彌對於他的不滿

每一種SEX的體位都有它的特性，其中，也有可以掩飾妳或他的缺陷的體位，現在就為妳介紹可獲得這種超級快感的體位。

彌補女方性缺陷的體位

●愛液過多

因愛液過多而煩惱的女性不在少數，這時，以很自然的動作將之拭去也是一個方法，體位以陰道口自然向下的坐位或騎乘位較適合。

愛液過多男人在插入時就不容易獲得快感，一般愛液量是二十至三十CC，如果量更多，便建議妳採用上述的體位。

●愛液太少

愛液一旦太少，插入時便會因疼痛而無法享受，這種煩惱或許大部分女性在早期都經驗過，可是，一旦嚐過性的喜悅以後，如果還會為這種痛苦而煩惱，最好在插入時便採取交叉位。

即女性仰臥膝蓋彎曲而雙腿分開，男性以側臥姿勢直角插入的體位，這樣應該不會痛，但是，在結合前務必要有充分的前戲。

●太快達到高潮

最近常有女性比男人先達到高潮，因而覺得在男性射精前的時間熬得很痛苦，像這樣的女性，最好就是採取男性在上的騎乘位。

男性正好在女性的身體上方，可以根據女性的表情調整抽送運動，只要龜頭不到女性的陰道內前壁最敏感的部位，即可減低刺激性。不過，如果男方的陰莖太粗，這種體位可能會令對方更痛苦。

●女性器過於寬大

有的人性經驗不太多，可是性器卻太鬆了，這種女性以面對面的坐位效果最好。這種體位的特性是能使下腹、腰部的肌肉緊張，同時陰道本身也會緊縮而使男性感到滿足。

結合時這種緊張感也會繼續，因而能充分享受性快感。

●臀部太大或太胖

如果妳的臀部太大或過於肥胖，有時正常位便無法結合很深。

對於這種情形，男性抱著女性雙腿的屈曲位最有效，這種體位男性本身會插入很深，所以感度也會提高。

以基本體位獲得高潮的秘法

大家都知道做愛有很多體位，但所謂的基本體位，則是指正常位、背後位、女性上位。妳必需學會利用基本體位達到高潮的要訣，否則，妳的性生活必定無法充實。

♥正常位的竅門在貼緊他的腰部

正常位是由男性主導的最正常體位。

妳要提起腰部並分開雙腿來迎接他，如果妳不習慣這麼做，可以在腰部下面放個枕頭或墊子，即可簡單地插入。雙手可繞到男性臀部，將他的身子抱向自己，緊貼感會更好。

♥背後位的重點在腰部動作

對男性而言，這是可以一面插入一面愛撫女性乳房及性器的體位，所以有很多人偏好它。妳要誘導他的手到最敏感的部位去。

妳為了腰部容易動彈要稍微跪著，腰部不只是向前後動，也要輕輕地畫圓圈或左右晃動，這樣才會更刺激。

♥女性上位可以把陰蒂壓在他的恥骨上

這是女性可以自由活動的體位，以像是利用他的恥骨及性器自慰的感覺扭動，同時讓他以手指愛撫乳頭及背部、頸部、耳朵等各個部位更好。

如果他的陰莖太大或過小

不一定是愈大愈好，若是陰道口不大的女性，只會覺得痛而毫無快感。

如果他的陰莖太大，就要多花些時間慢慢插入，若是正常位，女方要把雙腿分開大些，一手握著他的陰莖來調整深度。如若愛液夠多，因為有潤滑油作用，較大的陰莖通常也可以順利插入。

短小、包皮、早洩都是男性自卑感的源由，一般人也認為東西小了緊貼的角度較小，因而快感也較小，其實這些都言之過早。

實際上我們可以利用體位輕易消除這種煩惱，如屈曲位就可以插入很深，緊貼感也充分，如果再讓他愛撫陰蒂，快感度更高。

如果他早洩、遲洩

早洩是指射精前的持續時間過短，但也有恢復時間較短的特性，而且第二次結合的持續時間會比第一次長，年輕時一夜來個二、三次應該沒有問題。

或者可以將兩個保險套套在一起，或者記得在性行為前排尿。

此外，前戲不宜太久，體位要選擇腰部不必用力的側臥位或女性騎乘位，不過，即使如此，女性也不可以太激烈地扭動腰部。

這是與早洩相反，持續時間太久的人稱為遲洩，因為女性的感度再好，終究也有限度。

因此，最好採取對他的性器刺激後強烈的體位，如正常位變型的伸腿位，可使陰道收縮情形強烈而勒緊他的陰莖，如果同時刺激性器以外的部位更好。

⊙妳也該懂得愛撫

利用消除時間差的愛撫使兩人高潮一致

妳和他在床上確定彼此的愛情時，要用什麼方法才能使兩人同時達到高潮呢？為了消除這種煩惱，介紹所謂「消除時間差的愛撫術」給妳。

他早洩的煩惱該如何挽救？

沒有比兩人能同時達到高潮更能深深感受到性喜悅的方法可是，實際上最常見的情形是妳尚未達到高潮，他卻已經達到高潮而射精了。

這時，就需要利用愛撫來消除時間差帶來的不滿。

譬如利用前戲某程度控制時間，使男人早點或遲些射精，這樣兩人就可以配合時間同時達到高潮，或者，偶爾讓他感到焦慮也是一種方法。

接觸彼此性器的時間差愛撫

男人的快感不只是陰莖，和女性相同，他們的臀部、背部、耳朵等一樣是敏感部位，使用舌頭、手指、乳頭像是在呵癢一樣刺激他，也是利用愛撫調節時間差的方法之一。

要使兩人同時使高潮上升，就必須研究如何使妳和他的快感曲線一致。

譬如一面接吻各自接觸對方的性器，或是讓他吸吮妳的乳房，而妳的手指卻移到他的寶貝上去同時愛撫，或者同時攻擊二個部位的快感帶等，也是很有效的方法。

讓性興奮持續以享受快樂時光

縱然兩人能同時達到高潮，如果相愛的時間只有幾分鐘，充實度就可以只有百分之五十。

因為男人只要射精一次便結束了，因此，應該增加他的遊戲感覺以延長興奮期。

譬如在沐浴時互相為對方洗澡，或是塗了香皂以後便互相以身體為對方揉搓，將浴室視為享受性愛的一個可愛場所。

此外，也可以玩色狼遊戲，或是用保險套當汽球玩。

這樣彼此的情緒會更輕鬆，性興奮也會增加，最後才發展到床上。

期待第二次的中間愛撫

一旦達到高潮的妳和他，往往會有希望再來一次的感覺。

可是，要他恢復到能夠進行第二次，卻需要一點時間，這時，妳可以試著讓他早些恢復，他也覺得需要妳。

首先，是以口對口的方式餵他喝果汁或水，因為激烈的性愛之後他一定會覺得口渴。

然後，使用熱毛巾為他擦拭身體，繼之為他撲些爽身粉做輕度的按摩，也都是不錯的方法。

接著，腳尖到大腿內側溫柔地愛撫，因為會逐漸接近他的私處，他的興奮度必定會逐漸爬升，因而有可能再來一次，這便是使他和妳一樣也想再來一次的方法。

要女方先充分興奮了才結合

男人一旦興奮了都會想要一口氣進行到最後，可是，女性在達到高潮以前通常需要比男性花更多的時間。

是故，妳要讓他先仔細地為妳愛撫，加深妳的興奮度。這時的愛撫內容，就必須是深入而濃郁的，包括以唇舌愛撫妳的乳房、性器等。

男性多半不知道女性到底何時會達到高潮，所以，妳可以要求他對那些部位如何做，等妳興奮起來了，即以態度或聲音讓他知道，有妳的表明，兩人必定可以順利地同時達到高潮。

情不自禁時便加速使他燃燒的腳步

如果女方已充分燃燒，可是他還未達所需水準，這時就需要知道引導他早點燃燒的方法。

最有效的方法，就是對快感集中的陰莖愛撫，譬如以手指有強弱地勒緊它，接著是口交，將整個寶貝含在口中，以舌尖去舔弄，或是以大膽的體位來挑撥他，故意採取將臀部抬高的背後位，這在於視覺方面的刺激度也非常高，必定能快速使他興奮起來。不過，別忘了過度強烈的愛撫，有時會適得其反。

為了兩人能同時達到高潮，便需要各自都充分地慾火燃燒，不要認為妳是個女性，應該是被動的，有時也需要為男性服務才是。

男人都喜歡陰莖的愛撫，尤其是在他疲倦時，只要愛撫他的寶貝就可以使他興奮。剛開始並不是立刻把手放在陰莖上面，而是先以口和手慢慢地愛撫肚臍下方的體毛和大腿內側，若是採取女性上位的69體位做性器愛撫，他也比較容易為妳服務。

⊙能讓他精神百倍的性感會話

在床上也需要能讓他的心充分燃燒的性感言語

要和他充分享受性生活，已是成年人的妳，所需要的就是能夠在床上增加性感的談話技巧，當然，實際這麼做的知識也很重要，這種愛的語言必定能使他更加精力充沛！

以間接誘惑的方式讓他有性交念頭

●「啊！我有點累了。」

約會時以這種方式誘惑他，可說是最傳統的方式，可是，妳不能在人多口雜的大街上說這種話，要在公園的椅子上或巷子裏自然地誘惑他。

●「有點睏，真想睡一下！」

去喝酒便裝著醉眼誘惑他，由於這種說法像是在打啞謎，效果會比直接誘惑更好。

●「唔!我今天要做個壞女孩。」

如果妳不會喝酒，這種說法最適合。吃過飯或看完電影回來時說這種話，他一定能了解妳的心意。

●「我好想去看看海……」

這也是很有效的古典方法，若是腦筋比較靈活的男人，即使附近沒有海，他也會帶妳去旅館洗澡。

●「我想我是被他征服了。」

男人比女人所想像更加會嫉妒，也會愛慕虛榮，一旦知道其他男人對妳有興趣，他一定會想將妳占為己有而迅速採取行動。

SEX前的甜言蜜語能使他更有精神

●「我就有這種預感……」

在要到飯店去的路上，可以悄悄這樣告訴他，他知道妳的心意之後，一定會更加愛妳。

●「喔，我的心跳好快……」

這句話能使妳在飯店的房間裏更加性感，他必定會充滿了想要征服妳的意慾。

●「我要把最後乾淨的身體獻給你……」

到了旅館先去浴室，這樣比衝動的ＳＥＸ更能讓他充分燃燒。

●「我的夢終於實現了……」

以痴痴的眼神如同在做愛般這麼說，也許有些矯情，但是在旅館裏，再噁心的話也會變得很自然。

●「哇，太棒了！」

被他抱緊親吻時，或是行為中在他耳邊悄聲說。

●「我快要發瘋了！」

年輕的男性多半會早洩，如果覺得他無法控制了，妳最好能配合他說這種話，他聽了必定能放心地專心取悅妳。

能加強印象的別離時語言

●「我真有點怕我自己了……」

ＳＥＸ之後的話神秘些，對於加深他的幻想很有效。

●「我決定從今天開始改變自己。」

這種話可能會使他對妳更加有責任感。

●「我覺得好幸福。」

即使他方才表現不佳，聽了妳這句話也會放下心來。

可能破壞愛與性的話

有時，妳會不小心說出破壞愛情或ＳＥＸ的話，到底是那些話會這樣可怕呢？如果妳不知道，必定會備嚐失戀的苦果。

●「還是Ａ旅館比較好！」

基本上旅館應該由男孩子選，不能由妳選擇。

●「**我的背部最敏感……**」

即使妳已經有豐富的性經驗，也不該說出來讓他知道，他會如何想呢？

●「**你覺得我怎麼樣？**」

事後說這種話，也是男人最不喜歡的，這就好像在告訴他妳有豐富的異性經驗。

●「**有一樣東西我想了好久……**」

絕對不可以在床上向他提出這種要求，即使妳無心，他也會覺得妳是在索取服務代價。

●「**今天是危險日呢！**」

有些男人會因為這句話而陽痿，所以妳絕對不可以向男人說這種話，他會想既然明知危險乾脆不要好了，避孕也失去了意義。

⊙談談性器相配與否的緣份

SEX的感度差了些是否因為性器不相配

要懂得完美的性交，一定要記住性器也有相配與否的問題，但不要太擔心，有時妳也可以利用下面介紹的體位來彌補缺憾。

請看下頁的診斷表來做目測，看看妳和他之間相配程度如何。

●最佳的一對

性經驗豐富而陰道口大的女性，配粗而長的他便是「大配粗」，效果最好。至於女性陰道口大而男性的傢伙為粗短型，因為插入時有緊貼感，也容易刺激到G點，所以也很相配。

至於陰道口大的女性配陰莖細長的男性，因為在抽送運動時也容易刺激到陰道壁，應該以比長而粗的陰莖好。陰道窄的女性配陰莖細長的男性，或是配細而短的男性都很好。若是位置較低而陰道口大的女性，多少提起腰部還是可

妳和他的性器相配診斷表

		女性器			
		陰道口大	陰道口窄	位置低而陰道口窄	位置低而陰道口大
男性器	粗而長	○	×	○	×
	粗而短	○	×	△	△
	細而長	○	○	○	△
	細又短	△	○	×	△

※男性陰莖，勃起時周徑10公分以上為太粗，10公分以下為細。女性陰道口2公分以上是大，2公分以下為窄。位置低是指肛門與陰道口距離4公分以上。　○＝適配　△＝普通　×＝不相配

以順利插入，特別是和陰莖粗大又長的男性採背後位SEX，對於子宮的壓迫感很強烈，快感度必定很快直線上升。

●配合度普通的情形

陰道口大的女性配細短的男性，可採取坐位彌補缺憾。陰道朝下而口窄的女性，配粗短的男性宜採取背後位慢慢插入，若是配細長的男性，則適合用後背位及女上位。細短的男性也建議採用女上位。

●最不相配的一對

陰道口窄的女性配粗長或粗短的男性，做愛時往往會感到性器疼痛，而陰道位置較低又口大的女性，配細短的男

性會缺乏緊貼感，但其中卻以位置低而口窄的女性配粗長的男性最痛苦，插入失敗者多半都是這種情形。

但上述只是大致的目測，千萬不要一開始就認為彼此不合，應努力使妳和他順利成為佳偶。

陰道口窄的女性配粗長的男性時，只要前戲到愛液量充分，採取女性張開雙腿的坐位，通常都能夠順利插入，或者，女性如同蝦子般彎曲的屈曲位，也可以輕易插入，重點在需要有大量愛液，或者男方只要注意不太勉強也不會有問題。

位置低而口大的女性，配細長的男性時，交叉位應該可以獲得快感。這個體位是男性斜向插入做抽送運動，女性只要扭動身體即可。

位置低而口窄的女性，配粗長的男性時，可以採用女上位，通常陰蒂的刺激會比插入抽送的效果好。

性器固然有是否相配的問題，重點還是在於兩人是否相愛，這樣在以體位彌補缺憾的同時，心與心的溝通也會更密切。

⊙到底他是真心要妳或只是玩玩

由做愛情形看他只是玩玩或真心想娶妳

妳知道嗎？由妳和他做愛的情形，可以決定究竟他只是和妳玩玩，或是會和妳走上地毯的那一端，那麼，究竟何種情形的ＳＥＸ是可能結婚呢？

由接吻看他只是在遊戲或是想結婚

男人可以依據本能和女人做愛，但是，沒有愛他絕不會和女人親嘴，是以如果你們之間的ＳＥＸ缺少吻，妳就應該認清彼此距離結婚還遠著呢！

接吻的時候最好把眼睛閉起來，因為妳睜著大眼睛會使男人失去興趣，但最重要的是讓男人主動，如果妳初次和他接吻，便主動把舌頭伸入他口中，他必定會認為妳是隻蝴蝶，即使本來考慮與妳結婚也會重新考慮。

男人會從妳初次與他做愛時的反應，來判斷妳究竟是處女或非處女，是否喜歡性等，當然，如果妳反應太好，他很可能會認定妳是個不安於室的女孩，或者下定決心只是和妳玩玩。

可是，假裝沒有任何反應，他也會認為妳是個冷感的女人。

因此，妳的反應最好適當而單純，就自然表現妳的感覺，但如果妳太懂得享受，遲早都會露出馬腳。

太喜歡或討厭口交都有問題

男性多半都是以自我為中心的自私動物，所以，在妳決定要全然把感情投入之前，一定要考慮到這一點，他甚至會以妳能否接受前戲至何種程度來決定是否娶妳。

譬如他要求妳為他口交，當然對妳來說，妳是因為愛他才做的，妳會想他一定很高興。

但是，他卻可能因此認為妳好像很有經驗，並因而決定絕對不要和妳結婚，如此，難得妳對他的示愛行為便成了反效果，這種事豈不教人傷心？

相反地，有的男人要求對妳口交，一旦妳拒絕了，他就會認為妳不愛他，懷疑妳的愛情，由這一點也可以看出男性的自我中心。

因此，是否接受口交也可能為問題的焦點，最好妳是不要拒絕他，但也不必表現得很熱衷，這便是感動他的竅門。

大多數女性在習慣ＳＥＸ以後都很容易變得主動，或是騎在他身上，或要求特殊體位。

如果他喜歡的是當初的妳，一定會為此感到很失望。

「原來她只是在享受ＳＥＸ！」他有這樣的想法，因而將妳視為玩玩的對象。

所以，即使他向妳要求各種體位變化，妳還是表示不願意比較好，起初他可能會很失望，但是，他很快就會了解妳的心意。

總之，假如妳有心和他結婚，婚前還是保持正常位吧！其他的何妨忍耐一陣子？

⊙室外的SEX遊戲

室外的SEX太開放了嗎？

到沒有人跡的海邊或深山裏，在陽光下做愛的確非常刺激，原本略微膽小的他，很可能會在大自然中表現得大膽些，現在介紹幾個室外SEX的地點選法與技巧給妳。

室外SEX的第一要務是選擇地點

室外SEX最重要的便是挑個好地點，否則妳會不斷擔心有人偷看，心裏有著一層不安，做起愛來當然無法獲得充分的快感。

譬如出去郊遊時他突然興致來了，兩人正玩得火熱，衣服也脫了，卻發現一對夫妻正帶著小孩走過來，這該怎麼辦呢？

起先的確沒有第三人，但不知何時會有人來，這一點的確有刺激效果，但如果真被人撞見了，妳一定會感到非常不舒服。

「當時他說要到絕對不會有人來的地方，所以一直往雜木林的深處去，結果回來時卻迷路了，那一天真是辛苦。」

這種情形也要考慮，因而最好事前先去看一次。若要進行到做愛，室外尤其是不熟悉的地點確實有危險性，所以，如果你們毫無這種經驗，初次最好還是適可而止。

除了地點之外，該地點的時間限制也是需要考慮的要點。

在公園裏的室外ＳＥＸ最好稍作保留

說到室外ＳＥＸ，初步都是以公園的椅子、草坪、草叢等為主，從黃昏就可以開始製造氣氛，入夜就可以進入主戲。

都市裏的公園最大缺點就是偷看者多，有些偷窺者不只是偷看，有時還會偷摸，甚至有人專偷女人皮包，所以絕不可太「專心」，即使情緒再高昂，還是稍作保留較安全。

因此，城市裏的公園到了晚上仍然很危險，但郊外的公園就不同了，即使白天也沒有問題，有些地方甚至可以來一段完整的SEX呢！

不過，還是要到行人不容易看見的地方，諸如大樹背後，柵欄的那一邊等，若是到了黃昏，椅子上有時也沒有問題，但誰也不能保證不會突然有人出現，因此，最好還是有掩飾，譬如，外人看來兩人像是在嘻鬧或擁抱。

筆者的建議是穿個大裙子蓋起來，內褲則事先脫下來放在皮包裏，這樣到時候就不用擔心了。

漫無人跡的平原或高山可以更開放

到了山裏的雜木林內，或是郊遊路線以外的地方，除非有特別的事情，否則絕不會有人來，可以大膽享受刺激又安全的室外SEX。

「和他到山上去玩，享受了一次妙極的室外SEX，事後才發現全身是泥，真糟。」考慮到這種情形，預想可能會發生室外SEX時，塑膠布便成了必須品。不只是衣服，有時樹枝也會刮傷身體，如果沒有塑膠布，還是要以立位為主。此外，當然殺蟲劑也是必須品。

如果以上所述都準備周全了，就可以在陽光與綠樹的圍繞下，一面聽小鳥唱歌，一面享受迷人的室外ＳＥＸ。但無法保證絕不會有人來，所以一定要準備好的掩飾。

與深山、高原同樣迷人的還有海，如果妳想要享受白天的室外ＳＥＸ，非季節的岩灘也是好地方。

「我和他到岩灘去享受了室外ＳＥＸ，結果站的地方不太穩，差一點就跌倒了。」

也有這樣的危險，是以千萬不能太專心於ＳＥＸ，偶爾也要注意是否漲潮了會把衣服沖走，應該如何對應，如此安心地一面聆聽浪聲一面享受室外ＳＥＸ，的確非常浪漫，值得一試。

較特殊的室外ＳＥＸ地點

其實不只是公園、深山、高原、海灘等地方，此外還有很多可以做室外Ｓ

ＥＸ的場所，妳是否認為不可能？其實就看妳的構想如何，也可以找出很多適合窗外ＳＥＸ的地方，現在介紹幾個最具代表性的。

●行人較少的辦公街

在都市裏，辦公街到了晚上九點以後便等於是沒有人的地方，特別是周日晚上或過年假期，可說根本看不到人影，在這種地方的室外ＳＥＸ一定很刺激。

●寬敞的地下鐵通道

龐大的地下鐵車站有很多出入口，非尖峰時間行人都很少，有些地方根本看不到人影，只要躲在大柱子後面就不怕被人看見了。

●大廈大樓的樓梯

普通的大廈或大樓都有電梯，因而走樓梯的人很少，所以妳也可以利用樓梯。愈高的建築物在接近頂樓的樓梯裏，可說根本沒有人會去，若是夜晚，甚至可以利用防火梯，但這個建議不適合有懼高症的人。

●電梯裏面

不適合想多花點時間享受性愛的人，若只是小小的接吻或前戲倒是很方便，有時也可以按特殊的停止鈕，但這種作法比較不好。

●在海邊的小船裏

兩人到海邊游泳，如果四周沒有人最好，有大船就有ＳＥＸ的機會，但不可以過分專心，以免衣服被沖走或船飄流到海上去了，像這樣的危險都要注意。

●觀光遊覽車裏

有些觀光地因為地方太大，就需要繞行較長的覽車，通常旋轉一周的時間就足夠接吻和愛撫了。

●空中覽車

只有二人時就有機會，時間比遊覽車長，而車廂與車廂之間的距離也比較遠，不需要擔心其他車廂的人偷看，只要有勇氣就可以進行ＳＥＸ。

⊙汽車SEX也有應該遵守的禮節

女孩子會說「我想坐車去兜風」

談到要和他兩人開車去郊遊，便不由自主地想到是不是會……汽車的狹窄空間極易製造緊閉感，以致慾望燃燒極速，在此介紹汽車SEX應有的禮節。

認為汽車SEX骯髒已是落伍想法

說實話，如果現在有某個女孩說「SEX應該在床上進行」，妳已可以認為她必定尚未真正享受過SEX。

與他之間的SEX變化，汽車SEX可說是必修科目，以下列舉汽車SEX的優點。

其一——不限時間地點又不必花錢

這麼說雖然太現實，但卻是最大優點，即使旅館都客滿了也不用擔心會可憐兮兮地被趕出來。

其二——空間狹窄故緊密度滿分

和他之間極易有一體感，因而快感倍增。

其三——冷氣、音響等裝備完美

現在的汽車都有裝冷氣和音響，比大飯店還舒服呢！

其四——可能有人偷窺的刺激會帶來恍惚感

會不由自主地慾火中燒。

汽車SEX注意事項

雖然何時何地都可以在汽車裏做愛，但是，汽車SEX，也是問題多多，許多在床上不需擔心的事情，在汽車裏就必須顧慮到。

汽車SEX最好是由男方主動，當然也需要妳從旁協助，譬如出門時預料到可能會在汽車中做愛，就要避免穿束腹或束腰的衣服，最好穿開前襟的寬大洋裝，或是較大的T恤加迷你裙，順便提一下胸罩，若是鈎前面的更簡單。

其次是他行為時的協助，要利用枕頭或椅墊造成他較容易插入的姿勢，這是妳的責任，但這時也別忘了多注意四周，如果有人接近，可以立刻恢復無事姿態最好。衣服不應該全部脫掉，如果被人看見了，就要立刻離開當場，因為男人可能在這個時候喪失理性，萬一吵起來更糟，氣氛必定被破壞殆盡。

如果對方只是普通的過路人倒無妨，若是專門嚇人的壞蛋或飛車黨，就需要更小心了。

最後是完事時的注意事項。首先車子是密閉的，做愛以後一定會有很濃的氣味，特別是男人的精液都有一種特殊的味道，一定要打開窗戶通風一下，或是使用除臭劑。

打開車窗的同時人也順便到車外來，看看衣服上有沒有沾上唇膏脂粉等，看看衣服有沒有整理好，這些都是該注意的，也要注意襪子是否被鈎破了，這時所需的備用品是否齊全，就可以看出妳的禮節是否周全。

做愛時即使車子停止不動，車身往往也會上下搖晃，如果車下的土是軟的或是沙土，車身就可能陷下去，是以動作要慢些。

其次要注意性行為後的駕駛，車子啟動後要注意別開快車，因為男人在行為後精神會恍惚一陣子，可能會把車子開得太快。

享受汽車SEX的重點是場所的選擇

任何地方都可以做汽車SEX，但如果要充分享受，場所的選擇就非常重要了，現在介紹幾個令人感到意外的好地方。

●夜晚的河畔

汽車SEX當然最討厭有人偷看，入夜後人跡較少的河畔，通常視野都很廣闊，沒有愛偷窺者可藏身的地方，所以大可放心。

●高速公路的非常停車帶

除了發生事故的車子以外，沒有其他的車子會停下來，旁邊不斷有飛車駛過去的SEX，確實是刺激滿分。

●市中心的辦公大樓街

和白天的熱鬧完全不同，深夜裏這種地方人非常少，這兒的汽車SEX一定非常有趣。

具快感的汽車ＳＥＸ體位

因為汽車內的空間十分狹窄，所以需要與車上完全不同的汽車ＳＥＸ專用體位。只要有機會，就可以悄悄和他試試憧憬已久的汽車ＳＥＸ體位。

①利用到全部座位的面對面開腿坐位

女性坐在後座上將雙腿分開，由男性面對面插入結合。這時，女性腳尖要放在前座的椅背上，這樣身體才能穩定，男性也比較容易行動。

②在後坐上的69體位

將車子後座當做床來享受性愛的69體位，重點在兩人的踏腳處要踩好，不然可能會滾落。

③後座上的背後位

在後座上的背後位，女性要以枕頭或椅墊墊在腹部下方，這種比較容易插入，男性只需跪下來即可。

⊙旅館內能做、不能做及該做的事項

遵守旅館禮節可免於令他失望

別以為進入旅館就可以盡情享受，這兒還是有一些常識性的基本禮節，妳是個聰明的女性，當然了解一切都該適可而止。

能做的

●在隔音良好的旅館裏，妳的呻吟聲音會使他更興奮。

妳住公寓經常擔心被別人聽見，到了旅館，就可以大膽發出平時不敢發出的呻吟聲。這時，妳的大膽反應會刺激他，使他愛妳的方法也變得不一樣。

●在寬敞而豪華的浴室裏，何妨向浴室挑戰？

旅館的浴室通常都比一般家庭浴室大，有的裝潢也很豪華，既然到了這種地方，何不試試在浴室裏的ＳＥＸ？如果他懷疑妳怎麼懂這麼多，妳可以說是從女性雜誌學的，他就會放心與妳嬉戲。

●帶著午餐、點心類到旅館享受郊遊般的氣氛

有些飯店非尖鋒時間待得再久也是一樣的價錢，採取這種分段收費制。可是，長時間做愛肚子一定會餓，這時就可以把事前準備好的餐點拿出來，相信他一定會既感激又驚喜。

●既然只有兩個人，當然可以在明亮照明下好好欣賞對方的裸體。

反正只有兩個人，你們可以把室內的電燈都打開，乾脆在燈火通明下玩耍。平常在黑暗的房間裏都不能仔細欣賞他的身體者，這正是一次徹底了解對方每一寸肌膚的好機會。

不能做的

●可以喝掉冰箱內的飲料，但如果再從櫃台叫來餐飲一定會讓他感到不安。

不要因為妳覺得肚子餓就直接從櫃台叫東西進來，因為，這樣他會認為妳是個很有經驗的女人。頂多喝掉冰箱裏的飲料也充分足夠了。

●做愛之後一旦睡著了，就可能需要多付延長費用。

性行為之後因為舒適而睡著是十分常見的事，可是，旅館費用是以時間計價的，如果你不小心睡著了，到時候要付延長費，說不定他就會把臉孔拉長。

●也許妳是次初經驗，但如果妳太熱衷於看小電影，卻只會使他冷卻。

最近，旅館內的電視上都會播放精彩的小電影，對一些涉世未深的女性來說，這種小電影可真是大開眼界，但是，妳可別為了迷戀電影而忘了他，那就會破壞氣氛了。

●一般旅館內的窗戶都是緊關著的，千萬不要隨意打開。

小旅館內的窗子經常都是有等於無，但可別認為自己付了帳當然可以打開窗子，因為即使妳穿著衣服，開著窗子總是引人注目，如果讓熟人瞧見了不是更麻煩嗎？

應該做的

●為了給他乾淨的印象，上床以前一定要沐浴

這當然也要依情況而定，大致上到了旅館還是先洗澡為宜，否則有些人會認為不禮貌。如果他很愛乾淨，妳不洗澡說不定還會造成他的反感呢！

●絕對不可忘了避孕，這是妳應負的責任。

男人對於避孕通常都不大關心，妳可別相信他所謂的體外射精，否則往後出了問題吃苦的還是妳，所以，避孕還是自己來吧！

●事後補妝在所難免，但是要注意不可花費太多時間

在沐浴或床上激烈的行為以後，妳的頭髮或化妝必定都已亂七八糟，所以需要補妝，可是，花太多時間會讓他著急，最好適可而止。

●下了決心就立刻進入旅館，不要中途變卦。

「不，我還是不要，我不要在這裏……」

就這樣在門口拉來拉去，這樣最不雅觀，難得的氣氛也會被妳破壞殆盡，當然，他對於妳的任性和猶豫也一定會反感。

第五章

性知識與煩惱的釋疑

⊙要有正確的避孕觀念

有關正確避孕法的總檢討

似乎了解卻又不大清楚的就是自己的身體，還有懷孕的過程與正確避孕法，為了加深兩人之間的愛，這些生理知識都是必需的。

要懂得懷孕的過程與避孕的方法

知道做愛會懷孕，可是，知道為什麼會懷孕的人卻依然很少。

懷孕是從精子與卵子邂逅開始，大約一個月排出一次的卵子會被送入輸卵管，而因性行為射精的精子，則經由陰道進入子宮內，通過輸卵管與卵子結合，卵子即成了受精卵。精子的存活時間為二～三天，但卵子在排出後頂多只能活數小時。

接著，受精卵便不斷重複著細胞分裂的活動而進入子宮內，著床於子宮內

●由基礎體溫法測知排卵日

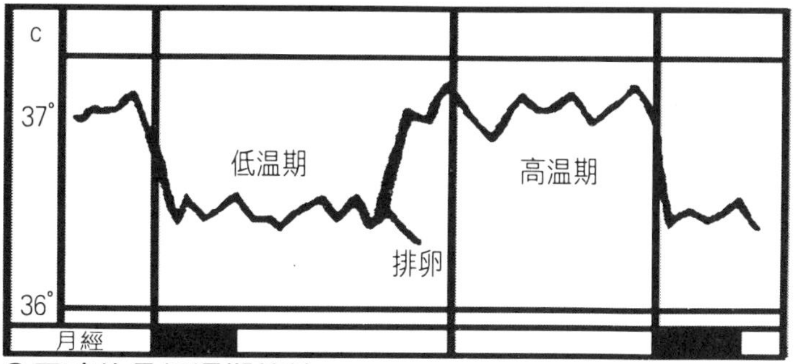

●正確的月經週期算法

膜。從排卵到著床全部約需八至十三天。

受精懷孕後會分泌黃體荷爾蒙，使子宮內膜發生變化。

不過，排卵後未受精便不會分泌卵胞荷爾蒙與黃體荷爾蒙，於是體溫下降，子宮內膜的一部分會剝離而出血，這便是月經。

各種避孕法的優點與缺點

●口服避孕藥

對於不願意為避孕而煩惱的女性而言，這種藥的確很方便。這是卵胞荷爾蒙與黃體荷爾蒙的合劑，內服可

●了解懷孕的構成

只需30分鐘，精子就會經過陰道，由子宮走過輸卵管而與卵子結合，因此就看在何處阻止它們邂逅，而將避孕分為四大類。

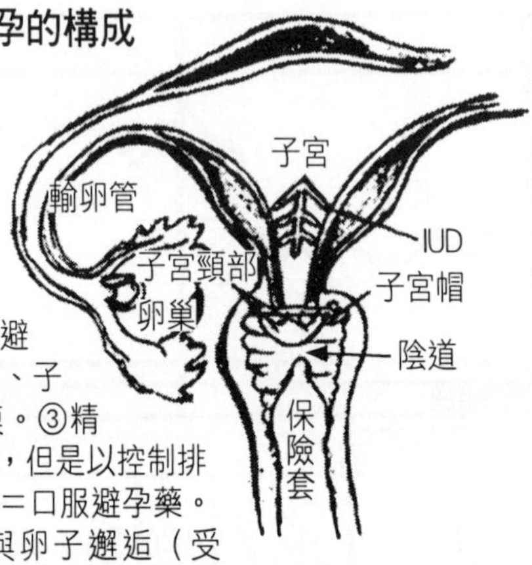

①預防精子進入陰道內的方法＝保險套。②預防精子進入子宮內的方法＝避孕藥片或藥膏、子宮帽、避孕膜。③精子可自由入侵，但是以控制排卵來防止避孕＝口服避孕藥。④預防精子與卵子邂逅（受精），並預防它在子宮內著床的方法＝IUD。

以抑制間腦的腦垂體分泌性腺刺激荷爾蒙，制止排卵。服用法是從月經開始算起的第五天起，每天不間斷地服一片，共服用三週。

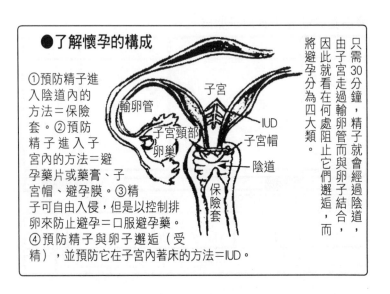

現在市面上出售的口服避孕藥，荷爾蒙含量和歐美的口服避孕藥並沒有什麼差別，是以不用擔心副作用。

●保險套

這是使用得最普遍的避孕法，將薄而結實的橡膠製袋子套在男性的陰莖上，以預防精液射入陰道內的方法。

它的優點是隨時可以用，且用法簡單，只要使用法正確，避孕的效率很高，同時還可以預防性病傳染，可說是非常優異的避孕器具。

缺點是必需男性合作才能用。

使用保險套要完全套到陰莖根部，積存精液的小袋子要捏扁，避免裏面有空氣。

●ＩＵＤ

所謂ＩＵＤ，也就是子宮內避孕器的英文簡寫，為塑膠做成的小器具，裝在子宮內可預防受精卵在子宮內膜著床。

避孕效果為九十七％，效果僅次於口服避孕藥，通常只要裝一次就可以保持二、三年。

●避孕軟片

女性可以隨身攜帶來避孕，是目前最受歡迎的避孕法。這是將政府認可的殺精蟲劑放在膠囊做的軟片內的避孕藥，使用法就是將之放入陰道內，效果可維持約二小時，會在陰道內溶化，所以沒有一點異物感。

使用法是在性行為五～七分鐘前插入陰道內，每次使用一片，如果要射精二次，最好每次各用一片較安全。

優點是只要有微量的分泌物即可溶化，而且會停留在陰道內，不用擔心流出來，也可以採用任何體位或動作結合。不過，不習慣時，裝的位置可能會不正確。

●基礎體溫加週期法

在早晨醒來尚未起床時所量的體溫，便是基礎體溫。女性體溫在排卵時會因為分泌黃體荷爾蒙而上升，是以由低體溫轉變為高體溫時便是排卵日。

若要看看有沒有排卵，可以把手指伸入陰道內檢查頸管黏膜，是為週期法。頸管黏液是在接近排卵時才會分泌，將二指伸入陰道內，沾出頸管黏液，如果二指分開時有細絲即是排卵日，排卵日過後三天，分泌液便不會拉成細絲，這時便是安全期了。

●子宮帽

子宮帽是用橡膠做的半球狀器具，四周是有彈性的邊，用法是蓋住子宮口以預防精子入侵，效果和男性用的保險套相同，但形狀較大，使用後可以洗淨

●避孕法一覽表

	快感度	醫生的處方	優點	缺點
口服避孕藥	★★★★	必要	避孕效果大	依健康情形看，有些人不適合，不習慣每天吃藥的人也不適合。
保險套	★★	不要	購買及攜帶都很方便，還可以預防性病。	使用時必須中斷行為，且裝、脱時都要注意，可能有違和感。
避孕軟片	★★★	不要	攜帶方便	但不習慣者容易失敗。
基礎體温式	★★★★	必要	月經週期準確的人才能用	失敗率非常高。
子宮帽	★★★	必要	性行為時沒有違和感	使用法較難。
殺精蟲劑	★★★★	不要	簡單可以買到又沒有違和感	失敗的可能性相當大。
ＩＵＤ（避孕環）	★★★★	必要	只要裝一次就可以保持二、三年	子宮口不大成熟的年輕女性不大適合用。

收藏，在維護上稍嫌麻煩。

子宮帽的大小從六公分至八・五公分有十種，重點在於要使用適合自己陰道尺寸的子宮帽，妳可以要求醫生或家庭計劃人員量，並接受使用法的指導。

使用法是在子宮帽的兩側都塗上避孕藥膏，以右手拇指及中指夾著送入陰道內。

性行為後不要立刻拿掉，必須經過八小時後才除去，然後以水沖洗乾淨收藏。

如果自己不會確定是否套得正確就會失敗，話說回來這種事只是表面看來困難，用慣了就不會再覺得困難了。

選擇適合妳的避孕法

要和他保持好的關係，最好兩人能公開談談避孕的方法，選擇最適合兩人的方式來避孕。現在介紹適合年輕女性的避孕選擇法。

重點在於妳和他的關係密度，如是否住在一起及約會頻度等。

以下列出具體的例子。

●約會頻度一個月是一～二次時

不需要特別服用口服避孕藥，可以測量基礎體溫，知道自己的安全日子，遇到危險期就避免性關係，或者使用保險套、子宮帽等。

●約會次數是一週一次時

最好使用保險套或子宮帽。

●同居時

隨時都有可能發生性關係，所以最好服用口服避孕藥或裝個ＩＵＤ。

錯誤的避孕觀念

為了避免失敗，一定要檢討一下妳的避孕法。

●只發生一次性關係不會懷孕？

會不會懷孕並不是因性交次數決定，而是看當時是否正值排卵期，如果排卵後過了三、四天就不會有問題。換句話說，如果遇到排卵日，即使只有一次

適合妳的避孕法

避孕方法／妳的情況	口服避孕藥	子宮帽（IUD）	狄野式基礎體溫法	保險套	避孕軟片
一次性行為有幾次	●	○			
一週固定一～二次	○	●		○←→	←→
一個月有一次沒一次的			←→	●	←→
他喜歡沒有異物感的方法	●	●	○←→	←→	←→
比較早洩			←→	●	←→
月經不順	●				
希望經常攜帶					○

●最適合　○大致會安全的避孕法　←→要並用的避孕法

性關係也可能懷孕，要小心。

●可以使用可樂避孕嗎？

這是錯誤的，完全沒有醫學根據。

●採用女上位就不會懷孕？

有人認為採用女上位做愛時，因為精液向下流，所以不會流入子宮，不會造成懷孕。其實，根本沒有不會懷孕的體位。

避孕的煩惱問題與解答

問：使用陰道外射精法會不會有問題？

答：以避孕的準確率而言很低，大約是百分之三十。因為，一次射精大致射出的精液量是百分之八十，其餘的百分之二十在完成射精以前即已露出，所以懷孕的可能很高。

問：性行為後以水管接著水龍頭，以自來水沖洗陰道有沒有避孕效果？

答：因為都是在子宮中射精，男性拔出陰莖時精子早已進入輸卵管裏，這時，無論妳如何沖洗陰道內部也沒有用。

問：聽說月經後的兩週內是安全期，真的嗎？請告訴我基礎體溫避孕法。

答：生理期過後的第二週內正是最危險時期，也就是排卵期，由排卵的時間到下次月經正好是兩週，月經週期為二十八～三十天。

基礎體溫法是從下次月經的預定日期，倒算十二～十六天之間為最可能排卵的危險期，因而在這段期間避免性行為的避孕法。但是月經不順的人不宜使用這種避孕法。

問：我和他都是做愛中途才使用保險套，事後保險套也沒有破，為什麼會懷孕？

答：這一點就如同前述的陰道外射精法，精液在射精以前已有部分漏出，所以在性行為中途才裝保險套已不保險，應該在尚未插入以前就先裝好。

問：每次裝保險套都會在性行為中滑落，於是改用口服避孕藥，不料臉上卻長出了黑斑，所以我只服了兩個月便停用，請問有沒有更好的避孕法？

答：服用口服避孕藥的確有時會有副作用，諸如會長黑斑、容易肥胖、浮腫，甚至想睡等。如果口服避孕藥不適合，保險套也不行，那就只好裝避孕環，或是每天量基礎體溫來避免在排卵期性行為了。

問：目前我正在服口服避孕藥。通常我是每天傍晚六點鐘服用，但是有時會忘了，到了第二天早上才匆匆忙忙補服，請問這樣會不會有問題？

答：一次忘了在二十四小時內補服不會有問題，可是，如果一天服用二次藥的情形經常發生，就有可能會無效，所以一定要每天按時服用。

由以上的問答，妳應該已經沒有避孕方面的煩惱，現在，剩下的便是如何加深你們之間的愛情了。

⊙關於人工流產

懷孕便墮胎的態度會使妳受到更深的傷害

意外懷孕的原因，通常是一時無法忍受性的誘惑，或根本沒有考慮到萬一便沈溺在快感中。現在我們來探討人工流產的方法如何面對這個問題——萬一發生了無法彌補的情形時，妳該如何處置？

兩種人工流產的方法

●吸引法

所謂人工流產手術，就是把胚胎及其附屬物從子宮內除去。胚胎便是胎兒的原形，附屬物便是胎盤、臍帶、包著胎兒的軟模等。根據優生法的規定，在未滿二十三週內都可以做人工流產。

吸引法的手術時間較短，也不會傷到子宮內膜，這是它的優點，但如果懷孕超過十二週，便很難採用這種方法達成流產目的。

手術法是先把陰道內部沖洗乾淨，以子宮口擴大器擴張子宮口，接著用單鉤鉗子固定子宮，然後用子宮探測器測量胚胎的大小及確定的位置，隨即逐漸將子宮頸管擴大，然後插入細長的管子以電動裝置的壓力，把胚胎及其附屬物吸出來，稱為吸引法。

動這種手術多半要靜脈麻醉，即等於在妳睡著期間做完手術。所需時間依懷孕日數及子宮頸管硬度情形多少有些不同，大部分是十分鐘左右，實際上的除去手術只有二、三分鐘，但必須遵守手術前後的各種注意事項，並聽從醫生的指示，這才是萬全之策。

●搔刮法

到擴大子宮頸管以前的部分都和吸引法相同，但所謂的搔刮法，並不是把胚胎吸出來，而是以胎盤鉗子將胚胎夾出，然後用刮匙把附屬物刮出來，故有此名。

沒有生產經驗或已經到了懷孕中期（四個月以後）的人，通常很難用機器擴張子宮頸管，像這樣的情形，首先要在頸管裝一個薄板，這個薄板是乾燥的海藻精做的，其作用是吸收了水份就會膨脹，而使得子宮頸管隨之張開。

與吸引法一樣必須遵守手術前後的注意事項。因為要刮動子宮內部肉眼看不見的地方，再熟練的醫生也有失敗的可能，是以手術後可能併發子宮內膜炎、子宮周圍炎及子宮肌腫等，甚至會因為這些併發症而造成不孕。

除了前述的吸引法及搔刮法外，也可以使用子宮收縮劑採自然分娩法，以除去胚胎及附屬物。

還有懷孕初期使用的月經調節法。早期不用撐開子宮頸管，也不必麻醉即可除去，方法是以細管子伸入子宮內，將胚胎及其附屬物吸出來即可。

手術時應準備的東西

人工流產手術和普通手術不同，手術本身所需時間很短，但手術前卻有很多要準備的事項，一旦弄錯了，問題很大，其中之一就是選擇醫院，已婚者不談，一般未婚女性很容易隨便選醫院，由於往往會跑到不可靠的醫院，手術失敗的例子也不少，無論情形如何，都以選擇指定醫院為宜。

接受檢查後要先填同意書，已婚者需要丈夫同意，單身女性當然沒有這一層顧慮，但未成年女性則多半需要父母的同意書。

和選擇醫院同樣，重要的是準備手術費用。通常愈早期動手術價錢愈低，愈遲費用愈高，原因是胎兒愈大愈危險。懷孕初期手術並不需要住院，但日數多了就要住院，住院費用也高，是以事先籌備費用十分重要。

手術後起碼要在家裏靜養三天，這是為了恢復身體健康所必須，絕對不可忽略。需要上班或上學的人，即須事先請假。筆者在前面也提過，誰都不敢保證手術後沒有後遺症，所以如果是一個人獨居，就要先備好連絡地方，同時也要避免出門。手術後一週內不可沐浴，故手術前一定要沐浴淨身。

手術當天因為要麻醉，所以最好什麼都不要吃，以免嘔吐，嚴重時還會發生食物塞住氣管的情形。此外，一定要接受醫生的指示，絕不可自己一意孤行，否則吃虧的還是自己。

人工流產後的保養要慎重

手術時要麻醉，是以在床上醒過來時，通常已過了一段時間。不過，雖然是在沒有知覺中做的手術，但手術後還是會覺得很不舒服，加上醒來時的酸軟無力，早上又沒有吃東西，當然會更不舒適。

不需要住院的人工流產手術，即當天在醫院裏休息一陣子後就可以出院回家，但是，妳必須自己在家中靜養幾天，因為人工流產的後遺症並不是因手術失敗所引起，而是手術後做適當處理所引起。

回到家後首先要躺下來，看看電視或聽聽唱片，做一些輕鬆的消遣，絕不可以立即出門。其次，晚上要入睡時，陰道內的止血紗布務必要取出來，否則很可能會引起細菌感染等問題。

一週內避免沐浴，若是懷孕早期的人工流產，幾天後應該可以沐浴，若是中期的手術，務必要等完全止血，所以一週內要禁止沐浴。

當然絕對不可以有性行為，至少要絕對禁慾十天，如果可能，二週更安全，可依個人情況決定。為知道痊癒情形，手術後一定要再去醫院檢查一次。

何謂優生保護法

年復一年人們對於性的觀念已愈來愈開放，另一方面，做人工流產的人也愈來愈多，其中，有些人還認為「懷孕了就去做人工流產嘛」，想法很簡單，其實，以人工的方式除去胎兒根本就是違法的。

但是，也有一定要做人工流產的情形，諸如孕婦可能因為生產而危及生命，法律遂以保護母體的原則下，認可做人工流產，這便是優生保護法。

法律認可做人工流產的原因有五，其主要重點即是保護孕婦，其二是孕婦的經濟情況不好，亦即要有經濟上的原因。

不過，即使有了法律所規定認可做人工流產的原因，也不可以隨便做人工流產，妳一定要找合法的指定醫生做，這一點要充分注意。

⊙男女間的性醫學問與答

妳對於SEX是否仍有很多不安與疑問

最容易似懂非懂的便是性知識，以至於人們經常為了一些根本不需要煩惱的事情困擾，甚至為一些不必要的不安弄得心碎，這樣如何可能與他共享SEX呢?所以，妳一定要充分掌握正確的性知識，以開啟美好的明天。

問：因為他深信我還是處女，所以，我決定去做處女膜再生手術，請問這種手術是否困難？

答：這要看妳截至目前為止的性經驗次數而定，如果妳只有寥寥幾次性經驗，要做處女膜再生手術就很簡單，可是，只要妳生過小孩，處女膜便消失不見了，這一點要記住。

問：初體驗後我的分泌物突然增加，是不是從他那兒傳染了什麼疾病？

答：有關分泌物的問題，首先要問它的氣味是否和以前一樣？若是一樣就不用擔心，這是因為初體驗刺激了卵巢，使卵巢功能活潑化，分泌物當然會增加，這是生理現象。但如果是綠色或帶有血色的分泌物，就可能是疾病的徵兆。

問：性行為中陰道內突然放出氣來，就像是放屁一樣，我的陰道是不是有問題？

答：在抽送運動中由陰道內發出如放屁的聲音很正常，這是進入陰道中的空氣因壓擠而發出來的聲音。換言之，就是陰莖進入陰道，將裏面的空氣擠出來的聲音，所以這並非異常，不用擔心。

但如果妳很介意這種聲音，不妨研究一下體位，以腿和腰部不要有角度的體位較好。譬如將腿抬高的正常位或屈曲位，就不如普通的正常位、側臥位適合。

問：他的傢伙一勃起就會向右側彈動，這是不是畸型？

答：陰莖很直的男性只占全部的百分之三十，其他男性就如同妳的他，不是歪向左或右，就是偏向上或下，同時，其勃起度也會因年齡而變化，如十歲左右的平均高度是四十五度，到了二十歲左右是三十五度，三十歲是大約二十度，這都是正常現象，所以勿擔心。

問：聽說和高中男生做愛會得子宮癌，我的他好像也是包莖，會不會有問題？

答：和包莖男性做愛容易罹患子宮癌，的確有某程度的正確性，因為檢查罹患子宮癌女性的丈夫，確實大部分都是包莖。

將包莖男性包皮內測的恥垢塗在兔子耳朵上，結果兔子罹患皮膚癌。不過，這並不表示恥垢本身是發癌物質，而是發癌性病毒容易寄生在恥垢內，所以，有包莖的人最好早日動手術割除。

問：最近他老是要求肛交，可是我覺得那太骯髒而加以拒絕，總覺得那麼做一定會患病。

答：視為肛交骯髒或可怕都很合理，因為陰道原本即長成適合接受外來物的形態，所以，即使有細菌進入也不怕，就好像細菌由口腔進入胃中，自然有胃酸進行殺菌或消毒的工作一樣，陰道也有自淨作用，即陰道內始終保持著微酸性。但是肛門不同，它的功能是由內向外排泄東西，沒有抗拒細菌的作用，所以不能由外面放入東西。換言之，它對細菌的抵抗力很弱，也容易受到各種傷害。

當然也有一種方法是盡可能保持清潔，同時在行為中戴保險套，但是，醫學上並不推薦這種性交方法。

問：他說生理期間不用擔心懷孕，所以更加喜歡做愛，可是，每次在生理期間做愛，我總覺得好像細菌會進入體內的感覺，十分不安。

答：的確，如果插入太深，細菌就會進入張開的子宮口內。妳應該把這種情形告訴他，儘量不要在生理期間做愛，並避免不乾淨的ＳＥＸ。

問：我有個朋友因為性行為過度而患了膀胱炎，真的會有這種情形嗎？

答：因為尿道的位置很接近陰道和直腸，而尿道本身又很短，細菌很容易進入，所以，在長時間的性行為中，細菌很可能會在不知不覺間進入尿道，因而罹患膀胱炎。特別是感冒、過度疲勞、身體抵抗力弱、寒症、便秘、或因生理期而膀胱黏膜受傷、充血時，都應該多注意。

其次，內衣髒了或不乾淨的性行為，都容易進入細菌，所以，性行為務必要保持乾淨。

問：前些時候在他的要求下我用舌頭舔了他的傢伙。起先我有些抗拒，後來為了表示愛他便依他要求予以口交，可是，經過大約三天，我總覺得舌尖有種怪味，是不是因為我為他口交得了什麼病？我好擔心。

答：舌尖有怪味可能是妳心病的結果，因為妳心中一直想著舌頭碰到了他的陰莖，才會有這種感覺。實際上絕不會有這種感覺，即使他有性病，也絕不會使妳的舌頭有怪味，或許妳該早些拋棄這種介意自己行為的態度。

問：他老是對我說：「如果妳一直保持著處女，更年期一定很早就到。」而要求ＳＥＸ，是否保持處女的時間愈久真的更年期會來得快呢？

答：不錯。因為性行為會刺激腦下垂體，使女性荷爾蒙的功能活潑，卵巢也會圓滑地發生作用。

相反的，沒有這樣的刺激，卵巢的功能就會鈍化，結果當然是使得更年期提早到來，而且男性精液進入女性體內，會在血液裏製造精子抗體，致使卵巢荷爾蒙的功能活潑，因此，要保持女性化，SEX是必要的。

問：從前幾天開始我的陰道就很癢，是不是得了什麼性病？請告訴我關於性病的詳情。

答：陰道內或外陰部會癢，可能有各種原因，最多是屬於念珠菌的一種黴菌造成的，稱為念珠菌陰道炎。這種病除了癢以外，還有像豆腐渣一樣的分泌物，外陰部也會紅紅地，嚴重時陰道內外皮膚會變得很乾燥，但沒有特殊的惡臭。

另一種是滴蟲感染的滴蟲陰道炎，如黃色膿一樣的分泌物會增加，不只是外陰部癢，排尿時也會有疼痛及不適。此外，有時雜菌性陰道炎也會癢，如果是性行為帶來的病菌，可能是性交時斷掉的陰毛留在陰道內造成發炎，這樣就會惡臭，而且會有像膿一樣的分泌物。無論如何，要看看分泌物的顏色是否改變了，有沒有強烈的臭味等，如果答案是肯定的，就應該去請醫生檢查。

再回答性病方面的問題。

淋病——男性感染過淋病後經過四、五天，體溫就會上升而發燒，尿道也會疼痛，排出黃色的膿。初期只要塗盤尼西林會好。女性症狀和男性差不多。

梅毒症——初期會長出像疣一樣的東西，男性是長在龜頭的冠狀溝附近，女性多半長在大陰唇到陰道口，由於往往沒有直接症狀，所以不知是何時受到感染。

感染經過三個月會出現血液反應，身體也會有異狀，這樣就很麻煩了。

男性特有的疾病——叫做尖形濕疣。症狀是在龜頭部的冠狀溝、包皮及肛門四周，形成如同疣一樣的東西，性行為擦破了會出血或變大，是最近較盛行的性病。

陰部疱疹——據說是性行為感染的，所以女性會擔心。症狀是在龜頭的冠狀溝長出小水疱，有點癢，弄破了水疱的數目會增加。

無論是那一種，一旦有就要多注意，趕快就醫。

⊙有關愛滋病的基礎講座

AIDS專集

這幾年AIDS震撼了全世界，妳對於下列有關AIDS的專用語了解多少呢？下文介紹妳起碼應了解的AIDS知識。

●一九八一年六月

AIDS（後天性免疫不全症候群）初次公開發表，在一九八一年六月，地點是美國喬治亞州的亞特蘭大CDC（疫病對策中心）。當時，別說是治療法，連原因都不清楚。其後的這一年，僅僅美國就有五百名以上的患者被診斷為AIDS病患。

●AIDS地帶

將AIDS病例發生最多的地方畫出來的，乃是比利時的醫療機構。他們發現主要地區是東非中央，感染度尤其高的是肯亞、坦尚尼亞、魯安達、烏干達等地，不知何故，這些國家的同性戀患者感染ＡＩＤＳ的比率，竟不及異性戀者高。

●綠猴子

生息在中非的綠猴子，被認為可能是病原。

●豬

和綠猴子一樣被懷疑為病原，是可疑性很高的病原之一，因為，凡是誤吃了有豬熱病毒感染豬肉的人，都會罹患ＡＩＤＳ。

●感染經路

不論是經由何種路線，都認定發源地是在非洲中央。其後便分成兩路，一路是歐洲的加勒比海，一路是美國，但最近也遠征到東方來了。

●洛赫遜

美國好萊塢的影星洛赫遜也患了ＡＩＤＳ。當他最初在巴黎飯店病倒時，是發表為肝病，後來公開為ＡＩＤＳ時，不僅是他的影迷，全美國的人都深受震撼，成為一件國際大事。

洛赫遜病倒後僅二個半月即過世，世人因而重新體悟到ＡＩＤＳ的可怕。

●ＨＯＭＤ

在ＡＩＤＳ患者當中，有百分之八十以上是同性戀者（男同性戀）。遠從戰前就對男同性戀十分不屑的美國人，大部分都認為ＡＩＤＳ是同性戀特有的疾病而加以攻擊，當然，為此深感不滿的同性戀團體也提出了反駁，因為，實際上也有很多幼兒或異性戀者罹患此病，不應只是攻擊同性戀者。至此，這種事才平靜下來。

●麻　藥

除了同性戀者，經常服用麻藥的人感染率也很高。

但這些人何以會感染ＡＩＤＳ呢？原來問題在注射器，如果注射針上沾有ＡＩＤＳ病毒，病毒就會隨著血液進入人體內，置人於死地。

●新型保險套

根據美國某公司的宣傳，使用這種保險套可以預防ＡＩＤＳ。這種名為「safety-seal」的保險套就像膠布一樣，據說，有很多害怕ＡＩＤＳ的人，都想要買來試試，但萬一無效怎麼辦？

●**自覺症狀**

初期症狀就是持續幾天高燒到攝氏四十度，就像重感冒一樣，逐漸地體重快速下降，有時會掉頭髮。

ＡＩＤＳ最可怕的是免疫力遭到破壞，起先是像感冒一樣不斷發燒，但身體的抵抗力卻無法降低熱度，接著體內會長出腫塊，不久便開始腐爛，終致全身潰爛。

●**ＡＩＤＳ的對策**

現在的ＡＩＤＳ患者有百分之八十是男同性戀，為何男同性戀容易罹患這種病呢？這是因為ＡＩＤＳ病毒乃經由血液感染，加上直腸對細菌的抵抗力很弱，所以格外容易感染，因此，美國一再呼籲這些人性交時務必要戴保險套。

●**口　交**

如果妳不知他是否感染了ＡＩＤＳ而與之口交，並將他的精液吞下，說實話妳就只好自認倒霉了。

⊙發生萬一時的戀愛法律指南

懂得法律就不怕與他之間的關係惡化

平時我們都不太注意法律問題，然而，知與不知之間的差別極大，妳可能因此可以不畏懼地解決問題，所以，妳一定要懂得一些基本的戀愛法律。

例1　我被他傳染了性病，可以向他要求治療費、賠賞費和分手費嗎？

如果他早知自己有性病，就應該付治療費及賠償費。

倘若妳為了治療性病而必須向服務公司請假，也可以要求他賠償損失。相對的，如果他不知自己有病，但只要過失在他，也可以做相同的要求。

例2　他戴了保險套我還是懷孕了，請問我可否向廠商請求損害賠償？

如果你們的使用法正確，純粹因保險套的缺陷而懷孕，確實可以要求損害賠償。可是，要證明它一開始就有洞，或者只是小小的動作就破了——亦即要證明究竟是保險套本身有缺陷，或者根本是你們的使用法錯誤十分困難。

例3　我的未婚夫昨天突然以性不一致為由要求取消婚約，像這種情形我可以要求賠償嗎？

如果沒有正當的理由，妳不可因對方毀婚而要求賠償，不過，「性不一致」的理由是否能構成毀婚就有問題了，也許是他變小了，或者還有再努力也無法解決的問題，這些都不是外人所能了解的，亦即除了性不一致外，應該還有更具體的內容，否則無法具體地下結論。

例4　我和有妻室的男人交往，結果被對方的妻子知道了，對方是否會控告我破壞家庭而請求賠償？

夫妻有相互遵守婚約的義務，若是丈夫破壞了這種婚約，通常妻子可以向丈夫要求賠償，相反的情形也是一樣。同時，妻子也可以向第三者請求賠償，但必須有證據，亦即她可以逮到現場捉姦，如果她逮不到證據，便無法控告妳妨害家庭。

例5 他猛灌我酒，把我灌醉後強暴了我，我能控告他嗎？

如果妳真是被灌醉喪失了意識，或者在自己無法抗拒的情況下被強暴，就可以成立強姦罪。因心神喪失而無法抗拒的情況下被男人施暴，也一樣構成強暴罪，妳可以告他。

例6 他說要和我結婚，所以我把自己獻給了他，但是，事後我發現他已和別人有了婚約，我可以告他騙婚或詐欺嗎？

除非他從妳身上騙得了財產方面的利益，否則不能構成詐欺罪，不過，妳可以告他騙婚，要求他付遮羞費。

例7 我因避孕失敗而懷孕，他說如果我要生下小孩就要離開我，他怎會這樣冷酷呢？我可否要求一些賠償呢？

你們非夫妻又沒有任何婚約，他當然可以自由地離開妳，而妳也可以自由離開他，分手時再痛苦，妳也不可以它為由要求對方賠償，因為沒有法律根據可支持妳。不過，妳可以讓他認領生下的孩子，請他付養育費。

例8　為了好玩地讓他拍了一些裸照，他竟然拿去登在雜誌上，害我被公司炒魷魚，我可否向他要求損害賠償？

沒有料到裸照被公開出來，妳可以告他損害名譽，當然也可以要求賠償，何況妳又被公司革職，損失重大，在損失額方面應該可以計算進去。

例9　我在喝酒時被鄰座喝醉的男人強吻，我能夠告他強姦罪嗎？

這個喝醉酒的男人行為並未構成妨礙風化罪，何況，被強暴或被恐嚇也必須是妳抵抗困難時才能成立，因為不知妳被強迫的程度如何，所以無法決定是否有罪。

例10　因為學生時代做過一次人工流產而不孕，請問我能否控告那個為我動手術的醫生？

要告醫生必須是醫生手術錯誤，但不孕不一定是醫生動手術出了問題，妳需要有醫生犯錯的證明。再者，學生時代動的手術已是遙遠的事，明知有問題卻已過了三年，任何損害賠償權都會因損害賠償請求權過了時效而消失。

國家圖書館出版品預行編目資料

性愛箴言—你的性愛觀念正確嗎？／趙奕世 編著

－初版－臺北市，品冠文化，民100.01

面；21公分－（生活廣場；21）

ISBN 978-957-468-790-9（平裝）

1. 性關係　2. 戀愛　3. 性行為　4. 性知識

544.7　　99022099

性愛箴言——你的性愛觀念正確嗎？

編著者／趙　奕　世
發行人／蔡　孟　甫
出版者／品冠文化出版社
社　址／台北市北投區（石牌）致遠一路2段12巷1號
電　話／(02) 28233123・28236031・28236033
傳　真／(02) 28272069
郵政劃撥／19346241
網　址／www.dah-jaan.com.tw
E-mail／service@dah-jaan.com.tw
登記證／北市建一字第227242號
承印者／傳興印刷有限公司
裝　訂／建鑫裝訂有限公司
排版者／千兵企業有限公司
初版1刷／2011年（民100年）1 月

定　價／230 元

大展好書　好書大展
品嘗好書　冠群可期

大展好書　好書大展
品嘗好書　冠群可期